ALZA LA VOZ

ALZA LA VOZ

No aceptes menos de lo que mereces

DREW AFUALO

Traducción de María Candela Rey

Urano

Argentina – Chile – Colombia – España
Estados Unidos – México – Perú – Uruguay

Título original: *Loud*
Editor original: AUWA Books, MCD, Farrar Straus and Giroux
Traducción: María Candela Rey

1.ª edición: mayo 2025

ISBN: 978-84-18714-90-0
E-ISBN: 978-84-10495-84-5
Despósito legal: M-6.017-2025

Fotocomposición: Urano World Spain, S.A.U.

Impreso por: Liberdúplex, S.L. – Ctra. BV 2249 Km 7,4
Polígono Industrial Torrentfondo – 08791 Sant Llorenç d'Hortons (Barcelona)

Impreso en España – *Printed in Spain*

Este libro está dedicado a mi familia, al amor de mi vida
y a todas vosotras.
A quienes habéis hecho posible este libro, os quiero, gracias;
y que se jodan todos los hombres misóginos.

Si le hablas a un hombre en un idioma que entiende,
lo que le digas le entrará por la cabeza. Si le hablas en su
idioma, lo que le digas le entrará por el corazón.

—Nelson Mandela

Índice

Introducción

¡Holaaaaa, soy Drew!

Si ya me conoces, seguramente sea de TikTok, donde me llaman la «Baba Yagá» de los misóginos de internet. O, dicho de otro modo, soy como un misil infrarrojo, apunto mis comentarios hacia los hombres detestables que atacan en la red sin motivo a las personas marginadas, y nunca fallo. A juzgar por sus reacciones, que van desde ataques prejuiciosos sobre mi apariencia hasta amenazas de muerte reales, tengo la sensación de que siempre es la primera vez que esos hombres tienen que responsabilizarse de sus comentarios. Por si no lo sabes, esos tipos horribles humillan a las mujeres, pero luego se doblan como una silla de jardín en cuanto les respondo con alguna tontería, como señalar que tienen «cuerpo de Lego». Ellos se lo han buscado. Quiero que sepan que hacer daño o maltratar a personas en una plataforma pública tiene consecuencias, así que eso es lo que me gusta pensar que soy: una consecuencia tangible.

Sé que quizás estés pensando «¿Y qué?». ¿Cómo es que un puñado de vídeos cortos en los que suelto carcajadas frente a hombres misóginos y poco graciosos me llevó a tener un público de más de nueve millones de personas en redes sociales y me dio la oportunidad de escribir el libro que tienes en tus manos en este preciso momento?

Es porque las personas, sobre todo las mujeres y *femmes*, están hartas. Yo estaba harta. También me cabreaba ver cómo la vida obligaba a las mujeres y *femmes* a situar a los hombres en el centro, aunque no nos pareciera bien y nos pusiera en situaciones incómodas o peligrosas. Como tener que ser amable con un hombre que no me dejaba en paz porque sentía un miedo muy real y razonable de que pudiera actuar de forma violenta contra mí, o que una supervisora mujer bloqueara mis oportunidades laborales porque le habían enseñado a creer que no había sitio para las dos en un espacio dominado por hombres. Y cuando sentí que mi enfado ya no bastaba... decidí empezar a reírme. Me di cuenta de que el humor era un regalo que podía compartir con todas las mujeres y *femmes* de ahí fuera que estaban tan hartas como yo.

Si comparar los dientes de un tío con las puertas de una casa embrujada podía alegrarle el día a alguien, ni que fuera un poquito, y a la vez ayudar a otras personas a cuestionarse por qué esos hombres tienen derecho a influir en cómo se sienten ellas, a mí me hacía feliz hacer chistes todo el día. Mi contenido halló su público entre las personas que estaban hartas de tener que soportar con una sonrisa las idioteces de los hombres, y la comunidad que he construido desde entonces en mis plataformas se ha convertido en un espacio seguro para todas las que ya se han cansado de tener que hacer sitio a los misóginos. No solo valido sus experiencias; también su ira. Les digo que está bien querer enfadarse, que no pasa nada por querer responder a gritos y que es correcto ser una cabrona con los hombres que te faltan al respeto a ti o a cualquier persona de tu entorno. Tienes todo el derecho a sentirte como te sientes y a expresarlo de la manera que más te convenga.

Por cada hombre que ha tenido una crisis nerviosa tras enfrentarse al 0,0001 por ciento de la mierda con la que el resto de nosotras tenemos que lidiar todos los días, hay una persona como la mujer que se acercó a mí en una playa de México con lágrimas en los ojos para decirme que era la primera vez en su vida que usaba un traje de baño gracias a mi contenido en defensa de las mujeres gordas y de talla grande. O los mensajes que he recibido de personas que me dicen que por fin les he transmitido el coraje necesario para denunciar una situación de abuso. O la mujer de cincuenta y pico años que rompió un matrimonio violento tras aprender a hacerse valer con mis vídeos. Y a menudo pienso en la mujer trans que me dijo que ver mis batallas contra la gente intolerante en internet la hizo quedarse sobre la faz de la tierra más tiempo del que había planeado.

Estas historias me inspiran a seguir pisándole el metafórico cuello a los misóginos de internet. Si lo único que hace falta para que mi público halle su voz es que yo derribe a toda esa variedad de machos alfa, *gym bros* y presentadores de *podcasts* hipermasculinos de TikTok, es un honor para mí recibir constantemente la ira de millones de hombres detestables. Si eso es lo que hay que hacer, pues eso haré.

*   *   *

Lo curioso es que todo esto comenzó cuando conseguí lo que creí que era el trabajo de mis sueños.

Siempre quise trabajar en el mundo del entretenimiento deportivo, desde pequeña, cuando veía a mi padre jugar al fútbol americano con los Arizona Cardinals con mi madre y mi hermana mayor, Deison. Como samoana orgullosa que era, de adolescente me di cuenta de que el fútbol americano profesional era el único escenario en el que podía esperar encontrar algo de representación en los medios (en serio, puedes buscarlo: la comunidad samoana de Estados Unidos produce una cantidad asombrosa de jugadores de fútbol profesional per cápita), e incluso en ese caso, obviamente, todos eran hombres samoanos. Yo quería crecer y ser esa representación que tanto ansiaba ver, como una Michele Tafoya samoana que comentara los partidos desde el estadio.

Después de graduarme en la universidad con títulos en comunicación y periodismo deportivo, pasaron dos años durante los cuales no dejé de presentarme a puestos de trabajo y asistí a ocho rondas de entrevistas para dos empleos distintos antes de conseguir, por fin, el puesto que me permitiría tener un pie dentro.

En la primavera de 2019, la organización de mis sueños me contrató como parte de una iniciativa de base para fomentar la participación de las mujeres fanáticas del fútbol americano en las redes sociales. ¿Incluía el trabajo seguro médico o algún tipo de beneficio? No. ¿Estaba técnicamente clasificado como media jornada, a pesar de que a veces tenía que ir de lunes a viernes y también los fines de semana? Sí. Pero ¿me importaba? No: estaba convencida de que todo eso formaba parte de la experiencia de estar en el último peldaño de la escalera corporativa, y estaba dispuesta (e incluso entusiasmada) a ganarme el derecho a estar allí.

Conseguir ese empleo fue un logro monumental del que me sentí muy orgullosa. Pero cuando el subidón inicial se disipó meses después de firmar mi contrato, tuve que admitir que no estaba funcionando muy bien. Casi nunca querían escuchar mis ideas, ya no hablemos de implementarlas. Las pocas que sí usaron funcionaron, pero la única que recibió reconocimiento por ellas fue mi supervisora. Conducía dos horas y media todos los días desde mi casa hasta la central de la empresa y de nuevo hasta mi casa para lo que se suponía que era el trabajo de mis sueños, pero me sentía fatal.

A los diez meses de estar allí, anunciaron una reestructuración, que en idioma corporativo es una forma elegante de decir «Estamos a punto de despedir a alguien». Y, en este caso, era evidente que iba a ser yo. No podría haberme sentado peor. Como persona que posee una seguridad casi delirante en todo lo que hace (es decir, una virgo), nunca me había planteado la posibilidad de fracasar en el trabajo de mis sueños. Era la meta a la que más tiempo había dedicado en toda mi vida. La realidad de que todo eso se fuera al garete de forma tan repentina y violenta me chafó el alma de una manera que yo no habría sido capaz de imaginar. Ahora sé que nunca debo confundir quién soy con lo que hago, pero, en aquel entonces, creí que fracasar en un sistema que está literalmente diseñado para ser hostil hacia las mujeres jóvenes, y sobre todo las mujeres jóvenes racializadas, significaba que, de algún modo, había fracasado como persona.

Por otro lado, mi familia y mi novio, Pili, todos trabajadores autónomos y con un sano escepticismo sobre esa empresa cuando yo aún trabajaba allí, se alegraron muchísimo por mí. Todos coincidían en que era motivo de celebración. Cuando llamé a mi madre el día siguiente de que sucediera, sus palabras exactas fueron «¡Enhorabuena!». Y añadió: «Esto es lo mejor que te ha pasado en la vida». Aunque empatizaban conmigo, ninguno sintió lástima por mí ni un segundo, porque estaban completamente convencidos de que ese fracaso no me definiría. Ni siquiera me dejaría marca. Siendo sincera, pensé que todos se habían vuelto locos porque, vaya, yo acababa de perder el «trabajo de mis sueños»... pero resulta que tenían razón en todo.

Aunque, antes de eso, el mundo se cerró por completo.

* * *

Todos sabemos qué ocurrió en la primavera de 2020, cuando el coronavirus llegó y todos tuvimos que encerrarnos en nuestro hogar. Con mi identidad recientemente debilitada, sentí una incertidumbre extrema sobre mi futuro y lo que fuera que debía hacer a continuación, un sentimiento que no me podría haber resultado más ajeno en aquel momento. Siempre había sabido qué hacer y cómo hacerlo. Pero ahora no tenía ningún plan ni ninguna idea de hacia dónde ir. Además, vivir confinada con miedo constante era una forma concreta de ansiedad que creo que todos experimentamos a la vez.

Pili fue quien me ofreció lo que nadie habría podido predecir que sería mi salida. Me sugirió que creara una cuenta de TikTok para tener una forma creativa de desfogarme que me levantara el ánimo mientras estaba en casa. En aquella época, cuando oía la palabra «TikTok», mi cerebro pensaba de inmediato en adolescentes que movían los labios para que coincidieran con audios pregrabados y bailaban, lo cual básicamente me hacía sentir como una abuela para tener siquiera una cuenta en la aplicación, no hablemos de crear contenido. Pero eso cambió con el confinamiento. De pronto, todo el mundo estaba usando la aplicación, incluso muchos creadores que me empezaron a encantar por sus diferentes nichos y estilos, y había un nuevo tipo de vídeos espontáneos y graciosos que estaban ganando popularidad en ese momento en el que las personas buscaban nuevas formas de conectar.

Cualquiera que haya usado redes sociales sabe que la viralidad no se puede forzar. Al principio, empecé a publicar cosas por aquí y por allá, con la esperanza de que mis amigos y quizás un par de personas más vieran los vídeos que estaba haciendo en la página de recomendaciones «para ti». Hablaba de cosas que me importaban y sobre las que podía improvisar, como que te silben por la calle o todas las cosas bonitas que Pili hacía por mí, para demostrar que deberíamos esperar más de nuestras parejas románticas masculinas.

Y entonces pasó. Uno de mis tiktoks lo petó, un vídeo sobre unas cuantas *red flags* muy concretas relacionadas con los hombres. Declaré que cualquier hombre que diga que *El lobo de Wall Street* es su película favorita de todos los tiempos, o que esté obsesionado con el jugador de fútbol americano Tom Brady —no con los Tampa Bay Buccaneers ni los New England Patriots, solo con Tom Brady—, debería ir a la cárcel (es más que obvio que era broma, aunque en el fondo…). Y se viralizó.

Esto se debió, en parte, a la cascada de hombres ofendidos que invadieron mi sección de comentarios y empezaron a usar mis vídeos para manifestarse en mi contra. Pero lo que fue aún más importante para esa viralización fue la explosión de mujeres, *femmes* y personas no binarias en las interacciones, que me agradecían fervientemente haber articulado exactamente lo que habían experimentado en sus carnes.

Y el resto, como se suele decir, es historia.

* * *

Sinceramente, una cosa que me hizo dudar al empezar a escribir este libro fue el tema de que fuera, en parte, unas memorias. Al fin y al cabo, aún no he cumplido los treinta. Ni siquiera estoy segura de haber tenido una vida lo bastante interesante para merecer unas memorias, mucho menos a esta edad. Es cierto que mi vida ha cambiado de formas que jamás habría podido imaginar, pero solo hace un par de años que empecé a fijar mi propio rumbo.

Desde luego, tengo muchas ideas y sentimientos muy intensos, y me hace mucha ilusión cuando las personas de mi comunidad se ponen en contacto conmigo para pedirme consejo, pero ¡a mí también me pasan cosas que no sé cómo gestionar! Eso no significa que no tenga siempre algo que decir, porque ten la seguridad de que opiniones no me faltan (eso me viene de ser virgo). Lo que pasa es que sé que es imposible tener todas las cosas claras a los veintipico, o a cualquier edad, en realidad. No importa lo que te pase, o cuándo, siempre seguirás creciendo y evolucionando, y eso es algo que debemos agradecer.

Pero luego pienso en cómo, a lo largo de los últimos años, hemos construido una potente comunidad en internet en la que nos apoyamos mutuamente mientras intentamos arrancar el patriarcado que ha echado buenas raíces en nuestra cabeza. Por más que a mi comunidad le encante oírme criticar a hombres horribles de su parte (y por más que yo disfrute haciéndolo), la meta principal de lo que hago es en realidad echar a los hombres del centro de las conversaciones. El objetivo es empoderarte y arrebatar a los misóginos el poder de dictar tu forma de valorarte y verte a ti misma. En cierto modo, todos los vídeos que publico, el contenido que creo, los hombres a quienes critico y las personas a quienes elogio me han traído hasta aquí. Así que en ese sentido, sería justo decir que este libro es una extensión de mis vídeos, que me ha permitido profundizar más que nunca.

Por si no ha quedado claro todavía, quiero decir que este libro no va EN ABSOLUTO de citas ni de relaciones románticas. Ni siquiera es un libro sobre hombres, aunque puede dar la sensación de que tienen bastante protagonismo. Es un libro que se centra en los sesgos interiorizados y en cómo arrancarlos de raíz de nuestra vida, pero lo más importante es que es un libro sobre vosotras, todas las mujeres, personas no binarias, *femmes* y personas *queer* a quienes quiero, apoyo y defenderé hasta el fin de los tiempos. Y sobre lo mucho que puede cambiarnos la vida cuando nos apoyamos y ayudamos entre nosotras.

No puedo compartir a mi novio contigo, pero estoy aquí para asegurarte que, no solo no estás pidiendo demasiado a tus posibles parejas, sino que deberías pedirles más. No puedo compartir a mi hermana contigo, pero sí puedo ayudarte a desentrañar cualquier rivalidad que tengas con otras mujeres para que experimentes la verdadera sororidad y amistad femenina. No puedo ofrecerte la seguridad que tengo en mí misma, pero puedo ayudarte a darte cuenta de lo importante que es hacerte valer. Y no puedo darte mi sentido del humor, pero puedo hacerte reír, y planeo hacerlo a menudo a lo largo del camino. Así que aunque no levantaré el pie del cuello de los hombres detestables de internet, este texto, con su combinación de amor, enseñanzas vitales y afirmaciones, será una guía y un acompañante para que trabajes en la relación más importante de todas: la que tienes contigo.

1. Te presento a los Afualo

En septiembre de 1995, justo al final de la temporada de Virgo, el sueño de mis padres se hizo realidad y se cumplió la profecía más temida por todos los hombres malos del mundo: nací yo.

Llegué al mundo con cuatro kilos y casi cuatrocientos gramos, y me gusta pensar que salí soltando una carcajada. No solo porque soy samoana y nuestro pueblo es conocido por su sentido del humor, sino porque al nacer conocí a quienes siguen siendo las mejores personas y las más graciosas de mi vida: mis padres y mi hermana mayor. Mis padres me pusieron Drew porque mi madre pensó que un nombre de género neutro me ayudaría a tener más entrevistas de trabajo cuando fuera mayor. Había oído en un programa de televisión que las empresas tendían a seleccionar más currículums de hombres que de mujeres, guiándose solo por el nombre, aunque las cualificaciones fueran las mismas. Es casi como si hubiera sabido ya entonces que, cuando creciera, mi trabajo consistiría en cabrear a los misóginos y que mi nombre se convertiría en una pesadilla para hombres horribles de todo el mundo.

Mi familia inmediata son mis padres, Deison y mi hermano pequeño, Donovan, que nació cuando yo tenía nueve años. Nuestra familia extensa es muy grande, en primer lugar, porque las familias samoanas tienden a ser enormes, y también porque hace ya tres o cuatro generaciones que mi familia vive en el sur de California. Pero, cuando era pequeña, éramos solo nosotros cuatro (o cinco, cuando nació Donovan) quienes conformábamos una familia muy unida. Por eso considero que son mis mejores amigos, mi sistema de apoyo y mis confidentes, porque hemos estado muy unidos desde el principio.

Como apunte, diré que por eso siempre me hace tanta gracia que los misóginos anónimos me acusen en la sección de comentarios de comportarme «como si no tuviera padre», porque la verdad es que yo soy así porque mi padre siempre ha estado muy presente en mi vida y me ha apoyado mucho. Además de ser un exatleta que se preocupa por su familia, es una persona maravillosa, buena y emocionalmente inteligente que ha sido una pareja fiel y cariñosa con mi increíble madre. Y, por cierto, si crees que yo digo en voz alta lo que pienso y que soy muy abierta, es porque no la conoces a ella, que es a la vez el sostén y el corazón de nuestra familia.

Mi hermana y yo nos llevamos dos años, pero crecimos con solo un curso de diferencia en el colegio y, como mis padres eran bastante jóvenes cuando nos tuvieron, a veces daba la sensación de que todos crecíamos juntos. Deison y yo siempre estábamos rodeadas de nuestra comunidad. Nuestro padre viajaba con frecuencia porque estaba intentando convertir su éxito como jugador de fútbol americano universitario en una carrera más estable y económicamente viable. Comenzó presentándose a pruebas abiertas (en realidad comenzó como transeúnte: iba caminando por el campus y el entrenador le pidió que se uniera al equipo) y llegó hasta la Liga Nacional de Fútbol Americano. Sé que todo el mundo cree que los atletas profesionales son ricos, pero la realidad es que solo un porcentaje muy pequeño de ellos gana una cantidad de dinero que merezca un titular en los periódicos. Y mientras pasaba todo esto, nuestra madre estaba empezando su propia carrera en el mundo empresarial de Estados Unidos mientras terminaba sus estudios. No éramos ricos en lo económico, pero sí en apoyo. Teníamos una gran familia extensa y elegida que nos ayudaba con la crianza. A menudo digo que es como si me hubiera criado el reparto de *Friends*, porque los adultos que formaban parte de mi vida eran jóvenes y accesibles. Como dicen algunos, hace falta todo un pueblo para criar a un niño, y por suerte mis hermanos y yo no fuimos la excepción. Esto incluía a mi tío y a mi padrino, que se turnaban para irnos a buscar al colegio o llevarnos a los entrenamientos deportivos extraescolares, o que simplemente estaban allí y se hacían cargo de nosotras para asegurarse al máximo de que nuestra infancia no se viera afectada por ninguna inestabilidad. Ambos fueron fundamentales en mi crianza y son el motivo por el que sé que los hombres pueden hacer las cosas mejor si quieren, porque lo he visto con mis propios ojos durante toda mi vida.

Además, Deison y yo tuvimos amistades en el bachillerato que terminaron siendo pseudoadoptadas por nuestra madre y se quedaron a vivir en casa durante meses. Ver cómo cambiaba la vida de las personas al recibir ese tipo de amor por parte de otra familia, saber que podrían contar con alguien incondicionalmente, me hizo sentir muy orgullosa de mi madre y decidir ser como ella.

Por eso, o quizás porque confío en ellos de forma implícita, yo se lo cuento todo a mis padres. No solo las cosas que creo que van a aprobar, sino también todas las mierdas difíciles que me avergüenzan. Porque sé que mi madre será sincera conmigo y que si estoy haciendo algo que ella cree que no debería hacer, me lo dirá sin rodeos. Y, por lo general, la escucho... aunque, cuando no lo hago, en realidad es culpa suya, por haberme criado con esta mentalidad de sabelotodo.

Para los estándares samoanos, nuestra familia inmediata es bastante pequeña: para que te hagas una idea de a qué me refiero, mi padre viene de una familia de cinco hermanos; su padre, de una de nueve; y su madre, de una de catorce. Mi madre viene de una familia de tres hermanos, pero su padre, de una de siete. Y mi bisabuelo materno volvió a casarse cuando murió mi bisabuela, así que en algún momento adquirí todo un lote de primos nuevos por ese lado. Esto hace que tenga la sensación de estar siempre descubriendo a algún primo que no sabía que tenía.

Aunque pertenecemos a una cultura de una isla pequeña, somos ruidosos y orgullosos, y siempre nos aseguramos de que sepas que estás en presencia de una persona samoana: es bastante fácil, basta con que sigas las risas explosivas, porque si hay algo que mi pueblo sabe hacer es contar chistes. Nada me enorgullece más que recibir mensajes de otras personas samoanas que me dicen lo mucho que ven reflejada nuestra cultura en todo lo que hago, desde mis características carcajadas hasta las bromas que les hago a los hombres sexistas con entradas que les llegan hasta media cabeza para hundirlos en la miseria.

A mis colegas samoanas y polinesias: me alegra el corazón poder representaros de algún modo. De verdad, es una de las mejores partes de lo que hago y jamás me lo tomo a la ligera. Mi herencia samoana es una antorcha que alzo con mucho amor y una enorme gratitud.

Si hay tres cosas que el mundo sabe sobre los samoanos, estas son: primero, que el deporte nos corre por las venas; segundo, que nos encanta celebrar, y tercero, que nos encanta cantar.

Y, cuando hablo de «celebrar», me refiero a que los samoanos celebramos la vida, la muerte y todo lo que hay en medio. Básicamente, siempre encontramos algún buen motivo para reunirnos, cantar, bailar, comer y beber. Funerales, cumpleaños, graduaciones, bodas, lo que se te ocurra: no solo aparecemos en masa, sino que llevamos comida suficiente para alimentar a todo un pueblo (un aplauso para la ensalada de patatas y cangrejo de mi madre; se la piden tanto, que hubo un año que la preparamos no menos de seis veces en una misma semana, para más de doscientas personas cada vez) y montaremos algún tipo de producción de baile o espectáculo.

Por ejemplo, en la cultura samoana, las graduaciones son importantísimas, tanto al final del bachillerato como de la universidad, y acuden muchos miembros de tu familia extensa para vitorearte con fuerza y orgullo. Luego, te decoran con cientos de collares de flores y caramelos hechos a mano, y también con un *kupuiga* o *haku* (que es básicamente un tocado festivo) también hecho a mano. Puede ser de flores recién cortadas o de dinero, pero, en cualquier caso, llama la atención.

Después de la graduación, la familia de la persona que se ha graduado celebra una *aiga*, que es una fiesta o reunión familiar... y, cuando digo «fiesta», quiero decir Fiesta con F mayúscula. Hablo de literalmente cientos de familiares y amigos. De niña me encantaba ir a esas reuniones, porque allí veía a mis primos favoritos y siempre eran como pequeños reencuentros. Sobre todo cuando yo era más joven y nos tocaba celebrar la graduación de un primo mayor; todos los pequeños nos reuníamos al salir del colegio tres o cuatro veces por semana para practicar un baile coordinado con atuendos a juego que luego presentábamos frente a toda nuestra familia en la *aiga*. Después de hacerlo seguíamos riendo, bailando, cantando y comiendo toda la noche.

Imagina hacer eso para cada primo. Así me crie yo.

De pequeña, no siempre me sentí superconectada con mi herencia samoana porque yo no lo soy cien por cien (de mis cuatro abuelos, uno es blanco). Pero en fiestas como las *aigas*, me sentía muy, muy cercana a mi cultura. Ver a mi familia extensa y a mi comunidad reunirse para montar una celebración asombrosa que duraría hasta bien entrada la noche y que incluía danzas folklóricas, como *sivas* samoanas tradicionales, *hulas* hawaianas, *hakas* maorís (que son bailes que se hacen al ritmo de un canto de guerra de origen neozelandés) o una danza tahitiana, además de comida suficiente para alimentarnos a todos varias veces y que aun así sobre... Eso me llenaba de orgullo y alegría. En esos momentos entendía la suerte que tenía de estar allí, de ser samoana, de experimentar la alegría y la energía abrumadoras de esas celebraciones que eran únicas de mi cultura.

Como ya he dicho, los samoanos celebramos todos los aspectos de nuestra existencia: el nacimiento, la vida y la muerte. Honramos a quienes llegan a este mundo, los hitos que alcanzan y el paso a la otra vida. No es broma, he asistido a más de treinta funerales solo porque mi familia extensa es enorme y se entrega a las celebraciones. Honramos tanto a los vivos como a quienes han partido porque, en mi cultura, la familia es lo más importante.

Y como este libro es mío, voy a aprovechar este espacio para expresar una queja pública sobre el amor de los samoanos por el canto. Para mí es casi una falta de respeto que todas las reuniones familiares incluyan algún tipo de canto, por el simple hecho de que juro que todos los samoanos cantan de maravilla, MENOS YO. Parece que ese gen samoano me pasó por alto y, hasta cierto punto, me lo tomo como una ofensa personal. Lo cual… da igual, no pasa nada, ¡os juro que no me afecta! (Mentira).

* * *

Originariamente, la cultura samoana es profundamente matriarcal, lo que significa que las mujeres fuertes se celebran, se honran y se enaltecen de distintas maneras. Solo porque mi padre mida casi dos metros y tenga toda la pinta de ser un «macho alfa», eso no significa que sea él quien dirige la familia. Ni por asomo. Mi madre, con su metro sesenta, siempre ha sido la cabeza y el sostén principal.

Aunque llevan juntos toda mi vida, mis padres no se casaron hasta que yo cumplí los cuatro años, porque mi madre no quería que la motivación principal del matrimonio fuera tener hijos. Quería estar segura de que mi padre era la persona indicada con quien crecer y evolucionar, y que él también estuviera seguro. Sabía que sentirse obligados era una mala base sobre la que construir una familia duradera y que tampoco sería justo para sus hijos.

Mi madre siempre ha sido extremadamente ambiciosa y trabajadora, y por eso siempre nos insistió a sus hijos que debíamos centrarnos en la educación por encima de cualquier otra cosa. Trabajó tanto que pudo jubilarse antes de la edad habitual, pero juro que, no sé cómo, está más activa ahora que cuando tenía tres empleos y estaba estudiando. Cuando decidí centrar mi carrera en la creación de contenidos, mi madre no me cuestionó ni me desalentó, sino que me apoyó por completo, como siempre ha hecho con cualquier cosa que yo haya decidido perseguir con pasión. Tiene una curiosidad infinita por conocer cómo funciona mi nuevo negocio y cómo crece y, desde que se convirtió en una de mis representantes, me acompaña a reuniones de estrategia y sesiones de intercambio de ideas. Cuando debo viajar durante mucho tiempo por trabajo, ya sea para hacer apariciones en algún medio, presentar algún evento o como parte de una colaboración, lo único que echo de menos es la normalidad y la solidez de estar en casa con mi familia.

Mi madre tiene una personalidad muy fuerte y una enorme seguridad en sí misma y en lo que tiene para ofrecer, pero eso jamás ha hecho que mi padre se sienta amenazado o «menos hombre». Esa es una acusación insidiosa que suelo ver dirigida a las mujeres, sobre todo a las racializadas. Muchos hombres están convencidos de que una mujer que tiene una relación heterosexual e insiste en establecer un contexto de igualdad con su pareja hombre está pidiendo demasiado. De pronto, te conviertes en una mujer exigente, difícil y, en general, indeseable. Porque Dios nos libre de que de verdad te creas que eres IGUAL a un hombre a nivel interpersonal y empieces a exigir respeto en el puesto de trabajo, en las representaciones mediáticas e incluso en la política.

Lo cual es irónico, porque todos sabemos que el patriarcado hace que las relaciones heterosexuales nunca puedan ser igualitarias. Porque, al contrario de lo que los hombres detestables creen, no es que mi padre tolere o soporte que mi madre lidere. Su fortaleza, franqueza y seguridad es, precisamente, lo que atrae a mi padre y hace que quiera amarla, respetarla y construir una vida a su lado para siempre. Mi madre hace que mi padre sea valiente y lo anima a probar cosas nuevas. Y mi padre es la conexión que mi madre necesita para tener los pies en la tierra y recordar que ella también merece descansar y ser cuidada. Se inspiran el uno al otro para ser la mejor versión de sí mismos, porque eso es lo que quieren ser para el otro, y eso es algo a lo que siempre he aspirado en mis relaciones. Mis padres son polos opuestos en casi todos los sentidos que te puedas imaginar, pero consiguen crear un verdadero equilibrio entre ellos.

En términos sencillos, el orgullo y el ego de mi padre no van acompañados de ninguna idea dañina ni limitante sobre cómo «debería» ser un hombre. No siente la presión de ser el pilar de la familia solo porque eso sea lo que se espera de un hombre en un mundo dominado por el patriarcado. Aunque no tiene una personalidad tan ambiciosa ni competitiva como la de mi madre, tampoco le humilla tener que ocuparse de la mayor parte de los quehaceres domésticos o de las tareas que suelen considerarse típicas de las mujeres. De hecho, le enorgullece ejercer en el ámbito doméstico, porque eso significa cuidar de los niños y la familia y asegurarse de que la casa esté en orden para apoyar la carrera de mi madre, del mismo modo que ella lo apoyaba a él cuando jugaba al fútbol americano. Y como de pequeña fui testigo del asombroso abordaje de la crianza que tenían mis padres, entendí que no hay trabajos ni tareas «menores» en la construcción de una familia ni a la hora de ser una buena pareja, sino que todo es importante.

Como he tenido la suerte, desde pequeña, de ser testigo del profundo amor y respeto que mis padres se profesan, siempre he sabido que no estoy hecha para encajar en todas las expectativas que cualquier tío de mierda crea que debe cumplir una esposa, y que prefiero morir feliz y sola antes que infeliz y con pareja (ya hablaré más tarde sobre esto). Y, con el paso de los años, mi detector de idioteces se ha hecho cada vez más sensible. Hasta el punto de que, si algún hombre se me acerca con alguna expectativa de género, como que debería ser yo quien prepare la cena en casa aunque no lo hayamos acordado antes, o que no debería vestirme de determinada manera porque no debería «llamar la atención de otros hombres», lo mando a que adopte un perro, ¿sabes? Porque no me adhiero para nada a ningún conjunto arcaico de roles ni expectativas de género, y mucho menos si es un hombre quien me lo exige. Que me caven una tumba individual; prefiero morir sola y feliz.

Hay gente que dice que no hago más que llevar la contraria, pero yo digo que es mejor ir a la contra que morir un poco cada día víctima de las faltas de respeto.

¿Y sabes qué? Me alegra no haber cedido en eso, porque en cuanto acepté por completo mi política de tolerancia cero y de preferir morir sola, el universo me envió a mi alma gemela, Pili. Supe que era él cuando vi que el amor que sentíamos el uno por el otro estaba basado en el mismo nivel de confianza que había visto en la relación de mis padres. Hablaré de Pili más adelante, pero lo que más me atrajo de él fue que, por primera vez, sentía que un hombre no solo me veía tal como era, sino que lo amaba todo de mí. Nuestro amor me hace sentir libre, como si por fin hubiera aprendido a respirar (¡puaj!, estar enamorada de un HOMBRE es pésimo para mi imagen, pero qué más da).

Aunque Pili es alto y guapo, y parece un típico «macho alfa», nunca ha sentido la necesidad de menospreciarme a mí ni a ninguna otra mujer para sentirse fuerte. En todos los años que llevamos juntos, jamás se ha quejado porque mi éxito le haga sentirse «castrado» (otra palabra que me parece una falacia, porque no puedes sentirte «castrado» a menos que tu autovalidación provenga de imponerte a tu pareja); de hecho, él es mi principal animador y el motivo por el que empecé a publicar contenido.

* * *

Quiero dedicar un momento a desentrañar el concepto de «trabajo femenino», que a menudo se asocia con las tareas domésticas invisibles que se llevan a cabo en el hogar: me refiero a cocinar, limpiar, la crianza, gestionar el horario familiar, etc. Es decir, toda esa mierda que hace que una casa funcione o, en otras palabras, una gestión de proyectos del más alto nivel posible. Por eso me dan ganas de gritar cuando pienso en que el «trabajo femenino» no solo no recibe compensación económica ni el respeto de nuestros equivalentes masculinos, sino que nos hace esperar lo imposible de las mujeres modernas, que se supone que deben tener un trabajo de jornada completa Y ADEMÁS responsabilizarse del bienestar de sus hijos Y ADEMÁS cocinar una buena cena todas las noches Y ADEMÁS mantenerse jóvenes y bellas según unos cánones que no solo son poco realistas, sino también agotadores.

Aún recuerdo la primera vez que vi en persona hasta dónde llegaba ese desequilibrio. De niña, jugué al fútbol desde los siete hasta los diecisiete años a un nivel bastante alto. En esas categorías, sobre todo cuando hay que viajar, los gastos empiezan a acumularse. Mi padre a menudo ofrecía intercambiar servicios, como reparar ordenadores, para que yo pudiera seguir entrenando y jugando. Esto también quería decir que el noventa por ciento de las niñas que me rodeaban provenían de familias mucho más pudientes que la mía.

La madre de una de ellas era una abogada de éxito, y su padre trabajaba en promociones inmobiliarias. La familia tenía a una persona que limpiaba el hogar y a otra que cuidaba de mi amiga y, aun así, siempre que iba a cenar a su casa, su madre no paraba quieta ni un segundo y estaba cocinando, limpiando y asegurándose de que estuviéramos pasándolo bien, mientras que su padre no hacía más que estar sentado. Es un recuerdo que no se me olvida, porque era una situación totalmente distinta a cualquier cosa que yo hubiera visto en mi casa, donde mi padre se ocupaba de la mayor parte de los quehaceres y, si veía que a mi madre le estaba costando cualquier cosa, ella no tenía que decirle nada para que él la ayudara, porque resulta que la mayoría de las cosas se hacen más rápido entre dos personas que una sola.

No es que crea que debería haber sido el padre quien cocinara o limpiara, en vez de la madre, pero lo lógico habría sido que se turnaran, como iguales. Y, aunque no se diga explícitamente, esas dinámicas de género transmiten un mensaje subliminal a los más jóvenes: esto es lo que se espera de las niñas y esto es lo que se espera de los niños. Así es como se interiorizan los roles de género, y eso es algo que siempre me ha frustrado. Sobre todo porque, en las *aigas* y en cualquier otra reunión familiar samoana a la que fui de pequeña, siempre debíamos seguir un protocolo muy concreto basado en la edad y el respeto, no en el género. Teníamos en muy alta estima a los adultos mayores de la familia, y se les servía primero.

Todos los niños, sin importar el género, recibíamos el mismo trato y debíamos ayudar de la misma forma, es decir, cocinando, sirviendo y limpiando. Los chicos no pensaban que estuvieran por encima de eso y las chicas nunca pensábamos que aquel trabajo fuera una obligación exclusivamente nuestra.

Sin embargo, aún recuerdo una cena a la que asistí en casa de una amiga años después, cuando estaba en el bachillerato, en la que, después de comer, todas las mujeres, incluida yo, nos levantamos de inmediato para despejar la mesa, y todos los hombres se quedaron sentados, incluidos los hermanos de mi amiga. Mi lado samoano me instaba a seguir ayudando y ser una buena invitada, pero mi lado feminista detestaba tener que encargarme de lo que unos hombres adultos que ni siquiera formaban parte de mi familia se creían demasiado buenos para limpiar.

Por otra parte, me he dado cuenta de que incluso los hombres con mejores intenciones y más *woke* siguen sin entender del todo cómo funciona la igualdad en las labores domésticas. Como esos que sacan la basura dos veces al día y bajan la tapa del retrete una de cada tres veces que lo usan para orinar y piensan… ¿Qué piensan? ¿Que merecen una medallita por hacer lo mínimo esperable? ¿Que son mejores que los tíos que bromean sobre lo mucho que les gustaría que su novia les preparara un sándwich? En mi opinión, al menos los tíos que les dicen a sus novias que les hagan un bocadillo son sinceros y directos en su falta de respeto a las mujeres. No sé tú, pero si hay algo que odio más que un misógino descarado es un misógino que jura que no lo es. Porque eso significa que este último no solo es misógino, sino que además es un cobarde que no lo admite.

Pero los peores de todos son los hombres que no parecen ser siquiera capaces de reconocer los esfuerzos de su esposa o novia a menos que eso les sirva para algo, por lo general, en redes sociales. Ya sabes de quiénes hablo: todos los días de San Valentín/cumpleaños/aniversarios/lunes cualquiera, buscan una imagen de sí mismos con su esposa y escriben una ensalada de palabras larguísima en el pie de foto donde dicen que ellas son su «ancla» y revelan que ellas se encargan de hacerlo todo por ellos, menos limpiarles el culo, «sin quejarse». Le dan al botón de «publicar» y ven llegar todos esos «me gusta». No dejan de hablar de lo abnegadas que son ellas y de que no importa cuántas veces metan ellos la pata, ellas siempre los apoyarán. Todos conocemos a uno de esos. Sabemos que ha sido infiel más de una vez. Sabemos que está en el paro o en un «período de transición». Y sabemos que no deja de hacer comentarios sobre el peso de su esposa o novia argumentando que ese es el motivo de que ella ya no le atraiga tanto como antes. Pero lo que tenemos más claro es que él es un mierda… y ella merece a alguien mejor.

Y por eso sé que las palabras se las lleva el viento. Una publicación en redes sociales donde aplaudes lo bien que cocina y limpia tu esposa no es más que un acto egoísta. ¿Quieres ayudar de verdad? Pues *ayuda*. No es raro que Pili haga más cosas en la casa cuando yo tengo una semana laboral particularmente ocupada, o viceversa. Es lo que más sentido tiene, porque resulta que los seres humanos son capaces de cocinar y limpiar y, da igual el género con el que se identifiquen, eso no afecta en absoluto a sus capacidades (qué locura, ¿verdad?).

* * *

Gracias a mi crianza samoana, crecí relativamente libre de la idea de que algunas labores o tareas concretas «correspondían» a mujeres u hombres. Los quehaceres los hacía quien pudiera y estuviera disponible, y ser parte de una unidad familiar significaba que aprovechábamos las fortalezas de todos para el bienestar colectivo, no para los egos individuales. Mi madre siempre decía: «Como familia, estamos todos en el mismo barco. Pero es una canoa, y todos debemos remar en la misma dirección; si alguien rema en contra o no rema, no está jugando en equipo».

Pero, aunque mi madre trabajaba mucho cuando Deison y yo éramos pequeñas, siempre se aseguraba de estar presente en nuestra vida y de hacernos saber que nos quería y que estaba a nuestro lado. La familia lo es todo para los samoanos y mis padres (mi madre es mitad samoana y mi padre lo es por completo) siempre han hecho hincapié en la importancia de estar juntos y mantener las tradiciones.

Cuando digo que mi madre es el corazón de nuestra familia, lo digo en serio. De pequeñas, ella siempre se aseguraba de que tuviéramos de todo, ya fuera material escolar, oportunidades de diversión, salidas familiares o fiestas. Por ejemplo, en mi familia somos amantes de Disney y, aunque *nunca* ha sido barato, ella siempre se las ingeniaba misteriosamente para hallar la forma de sorprendernos con un viaje a Disneyland. Llamaba a alguno de sus contactos, pedía a un conocido que le devolviera un favor y, antes de darnos cuenta, estábamos en la cola de la Space Mountain con diademas de Mickey Mouse.

De hecho, en mi familia siempre bromeábamos con que mi madre siempre conoce a «alguien». ¿Necesitas reparar el coche sin que te cobren una fortuna? Ella conoce a alguien. ¿Necesitas unas flores que no son de temporada? Ella conoce a alguien. ¿Quieres preparar algo alocado para un cumpleaños dentro de dos días y no tienes ni idea de por dónde empezar? Ella. Conoce. A alguien.

Todas las semanas, daba igual lo ocupada que estuviera mi madre, teníamos lo que llamábamos una «noche de diversión familiar» en la que jugábamos a juegos de mesa y nos asegurábamos de pasar un buen rato en familia. Ella me inculcó la importancia de cultivar esa unión mediante momentos especiales y celebraciones. Las familias son como las flores, que crecen gracias a los cuidados y la atención que les prestamos. A mi madre le encantaban las festividades, sobre todo la Navidad, y tengo el recuerdo vívido de que, cuando éramos pequeñas, ella siempre envolvía todos nuestros regalos uno a uno por separado, para que sintiéramos que teníamos más, aunque no fueran cosas caras. La Navidad sigue siendo una festividad importante para mis padres, y mi abuelo y mi tío siempre la celebran con nosotros. Pero, aunque mi madre se vuelca siempre en la decoración y la comida, lo único que pide a cambio, año tras año, es que toda la familia inmediata nos hagamos una foto con Papá Noel en el centro comercial. Lo hemos hecho todos los años desde que nació Deison y lo seguiremos haciendo tanto tiempo como podamos.

Los cumpleaños eran igual de especiales. Cuando éramos mucho más pequeñas, nuestra madre, que en otras ocasiones era muy estricta al respecto, nos dejaba faltar a clase y nos llevaba a Disney (o a donde fuera que quisiéramos ir a pasar el día, pero siempre era Disney). Cuando nos hicimos mayores y los viajes a Disney por nuestros cumpleaños pasaron a los fines de semana, ella nos despertaba con una bebida de Starbucks y nuestra pasta favorita con una vela, y nos hacía abrir los regalos antes de ir a clase. Como resultado de esto, hoy en día, mi forma de demostrar amor es hacer regalos. Mi familia por fin halló la estabilidad económica cuando mi padre se mudó de nuevo a California y mi madre se graduó y comenzó a ascender por la escalera corporativa, pero sigo atesorando cada instante de mi infancia y jamás sentí que me faltara de nada.

Le estoy enormemente agradecida a mi madre por haberme mostrado, no solo cómo es una pareja de iguales mediante el ejemplo de su relación con mi padre, sino también cómo es el amor incondicional. No estoy sugiriendo en absoluto que fueran blandos con nosotros ni que nos malcriaran. Al contrario, nuestros padres nos inculcaron desde el principio la importancia de actuar siempre con bondad y respeto hacia los demás y la motivación para trabajar mucho en lo que nos apasiona, sea lo que sea.

En el caso de mi madre, eso era asegurarse de que su familia estuviera siempre bien cuidada. Siempre nos anteponía a todo y eso la hacía sentirse querida y realizada. En cuanto recibió su primer bono en la empresa, en lugar de gastárselo en algo para ella o ahorrarlo, lo usó para llevarnos a Deison y a mí a ver a los Jonas Brothers, porque sabía cuánto los adorábamos. Y no fue solo la entrada, sino que volamos a Las Vegas e incluso, alucina, nos llevó en una limusina hasta el concierto porque sabía que eso nos dejaría un recuerdo inolvidable. Ella no había crecido con ese apoyo de sus padres, así que sabía lo importante que es mostrar a tus hijos que te importan y que apoyas sus intereses, aunque sean tres muchachos blancos que tocan música en un escenario.

(Y cuando digo que los adorábamos, déjame insistir en cuánto los ADORÁBAMOS. Estoy hablando de habitaciones cubiertas de suelo a techo con recortes de revistas y productos de los Jonas Brothers, de escribir cientos de miles de palabras de *fan fiction* sobre ellos y de sabernos absolutamente TODAS sus letras de memoria... Lo que se te ocurra, lo hacíamos).

Daba igual lo que mi madre tuviera que hacer para lograrlo, ella siempre se aseguraba de que a Deison y a mí nunca nos faltara nada de pequeñas. Cuando comparo nuestra crianza con la de mi hermano, que nació cuando mis padres estaban en una mejor situación económica, no veo ninguna diferencia en el amor, el cuidado y la atención que nosotras recibimos. Y aunque mi hermano es tanto el más joven como el único hijo varón de la familia, mis padres nunca lo han criado ni tratado de forma distinta que a Deison y a mí. No hablo mucho de él porque aún es pequeño y no quiero que sienta ningún tipo de presión debido a mi visibilidad, pero lo quiero muchísimo y tenemos una relación muy estrecha (aunque puedo pelearme con él todos los días, que no se te olvide).

En definitiva, mi madre es la persona más genial, segura y trabajadora que conozco. Sin duda alguna, es la mejor.

*   *   *

Ahora quiero hablar sobre Deison. ¿Por dónde empiezo?

Lo primero es que no todo el mundo tiene la suerte de llegar al mundo con una mejor amiga incluida. Y no doy por hecho que nuestra cercanía se deba a que somos hermanas ni a que nos parezcamos, porque he conocido a muchos hermanos a quienes han criado de la misma manera y han terminado siendo personas muy distintas. Con esto no estoy diciendo que Deison y yo seamos idénticas, pero cuando hablas cinco minutos con una de las dos ves que ambas compartimos las mismas dos neuronas.

Creo que muchas personas que me conocen a mí primero se sorprenden un poco cuando la conocen a ella, porque esperan una versión de mí. Pero lo cierto es que Deison y yo somos bastante distintas por fuera: ella mide un metro sesenta y yo un metro ochenta y tres. Ella es sagitario y yo, virgo. Ella es lesbiana y a mí, lamentablemente, me siguen atrayendo los hombres. Ella también tiene un tono de voz suave y es muy empática, de lo cual muchas personas se aprovechaban cuando éramos pequeñas, mientras que yo soy la primera en decirte que estoy orgullosa de ser una cabrona, lo que significa que me he peleado con más gente de la que puedo contar para defenderla a ella (y también a otras personas).

Pero Deison también es una de las pocas personas que conozco que me iguala en el sentido del humor. Es bondadosa, considerada y generosa de maneras que me inspiran a ser mejor amiga y a escuchar más, porque hasta yo misma admito que a veces mi terquedad y mezquindad sacan lo peor de mí. Y aunque, cuando éramos pequeñas, algunas personas quizás pensaban que Deison era un poco débil, lo cierto es que ella es uno de mis modelos a seguir, precisamente porque deja que su bondad la guíe en sus interacciones con el mundo. Cuando estoy en mis momentos más cínicos, Deison me recuerda que no debo esconderme en mi caparazón, sino esforzarme más por transmitir el tipo de energía que quiero ver en el mundo. Y, por otro lado, siempre que me paso de desquiciada, ella es la primera en señalar que estoy actuando como una payasa. Deison me hace ser mejor persona y, a cambio, yo estoy dispuesta a darle una paliza a cualquiera que intente intimidarla o sea cruel con ella.

Yo diría que es un intercambio bastante justo.

* * *

Hoy en día, mi vida no se parece en nada a como la imaginaba de pequeña; está más allá de cualquier cosa que pudiera haber imaginado y estoy muy entusiasmada y agradecida por todas las oportunidades que han surgido en mi camino. Pero también sé que el futuro de una carrera basada en las redes sociales y la creación de contenido como la mía es un gran enigma, por el simple hecho de que es una industria muy nueva y no se sabe qué pasará más adelante. A decir verdad, si me dijeras que mañana perderé a todo mi público y que nadie sabrá quién soy excepto mi familia y mis amigos, no me molestaría. Si mi contenido ha ayudado, aunque sea a una sola persona, a tener más seguridad y la ha empoderado para salir de la situación de mierda en la que se encontraba —algo que, guiándome por los testimonios que he recibido de varias de vosotras, creo que he logrado—, me doy por satisfecha. Porque también sé que tengo una familia y un sistema de apoyo asombrosos que siempre me ha mantenido con los pies en la tierra y me ha empoderado para ser la mujer que soy.

Siempre que viajo por trabajo me acompañan, por lo menos, mi novio, Pili; mi madre, y Deison, además de mi peluquero y maquillador, Adam, que no solo es EL MEJOR y punto, sino que también da la casualidad de que es mi primo. Si puedo alargar un viaje de trabajo para convertirlo en un viaje familiar, también llevo conmigo a mi padre y a Donovan (siempre que esto no interfiera con su educación). Teniendo la posibilidad de compartir todas estas cosas nuevas que me toca vivir con mis personas favoritas de todo el mundo, ¿por qué no aprovecharla?

Una no elige a su familia, y sé que soy muy afortunada de tener a la mía, pero sí puedes elegir a quienes te rodean. Incluso ahora, cuando elijo con quiénes colaborar en mi trabajo, ya sea en mi equipo de representantes o en las marcas que me proponen ideas, siempre busco las mismas cualidades que mi madre me ha inculcado desde siempre: personas que actúen con respeto y bondad, apasionadas y que se diviertan tanto como yo haciendo llorar a hombres intolerantes.

2. Sé tú misma y otros aprendizajes vitales igual de imposibles, pero necesarios

Sé que algunas de vosotras, quizás incluso la mayoría, habéis venido por los chistes, y os aseguro que habrá muchos, pero también quiero que sepáis que no me tomo este tema a la ligera. Cuando echo la vista atrás, a cuando tenía veintipocos años o a mi adolescencia, veo que he lidiado con varias situaciones de mierda. Quizás no siempre reaccionara de la forma más apropiada, pero estoy orgullosa de lo mucho que he crecido y lo lejos que he llegado. Por más estresante que pueda ser el futuro para alguien como yo, si de algo me siento segura es de mis principios, mis valores y de saber con toda claridad qué es lo que me importa más que cualquier otra cosa en el mundo. Puede que aún no lo tenga todo resuelto, pero estoy orgullosa y feliz de ser quien soy hoy, y me entusiasma convertirme en quien seré mañana. Espero que compartir mis experiencias te libre de cometer algunos errores que te cambiarían la vida, o te ofrezca algo de consuelo mientras navegues por las tuyas.

Con todo esto, lo que quiero decir es que una de las partes más bellas y aterradoras de crecer es convertirte en quien eres. No me refiero a cosas superficiales, como tu forma de vestir, tu estética, cómo te haces las uñas o cómo te muestras en las redes sociales. Desde luego, todo eso es una faceta —de hecho, es toda mi carrera— y, para quienes habitan fuera de los estándares occidentales de belleza o del binarismo de género es aún más importante expresarse y verse reflejadas fuera de los medios tradicionales, pero lo que a mí siempre me ha interesado más han sido las cualidades menos tangibles. Las cosas que valoras, lo que defiendes, por lo que vives. Quién *eres* de verdad y cómo quieres que te vean.

Como persona que tiene un hermano y también primos pequeños, y que ha interactuado con un sinfín de personas jóvenes a través de su plataforma, sé que la pregunta «¿Quién soy?» puede ser una de las cosas más difíciles de responder. Y creo que algo igual de importante, si no más, es la pregunta «¿Quién quiero ser?», porque es bastante difícil saber dónde terminarás si no sabes dónde te encuentras. Eso es, en parte, lo que espero que este libro te ayude a explorar: descubrir quién eres es una de las cosas más difíciles, así que si este libro te ofrece algún momento de epifanía o recogimiento en el que sientas que estás más cerca de entenderte, lo consideraré un éxito.

Uno de los fundamentos de la psicología humana es la idea de «autoconciencia», que consiste en la capacidad para identificarse, contextualizarse en el entorno en el que se existe y entender los propios pensamientos, sentimientos, deseos y límites. Desde un punto de vista psicológico, hacia los cinco años la mayoría de las personas ya han empezado a desarrollar su autoconciencia, que, en mi caso, es más o menos la misma edad a la que empiezo a tener recuerdos reales sobre mis gustos, como mi color favorito de entonces, mis amistades aparte de mi hermana, mis actividades favoritas en el patio del colegio, mis juguetes favoritos, etc. En retrospectiva, ahí fue cuando empecé a entenderme a mí misma.

Algo por lo que siempre estaré agradecida a la crianza de mis padres, tanto mía como de mis hermanos, es que tuve la suerte de librarme de muchos de los grilletes del patriarcado que podrían haberme causado miedo, ansiedad e inseguridad más adelante (al menos relativamente; por desgracia, nadie es del todo inmune a los efectos del patriarcado).

No solo nos tomaban en serio como personas jóvenes en desarrollo, sino que también alentaban nuestros intereses sin importar lo tontos que fueran o lo fanatizados que estuviéramos. Descubrir nuevas cosas que te gusten es divertido, y es un tipo de alegría que aprecio más y más a medida que pasan los años. ¿Recuerdas esa sensación durante la infancia, cuando escuchabas o experimentabas algo por primera vez y sentías esa magia de descubrir algo que parecía hecho a tu medida? Para mí fue la primera vez que vi un videoclip de los Jonas Brothers o que fui a Disneyland y supe de inmediato que había hallado algo que amaría para siempre (me equivoqué con Nick Jonas, pero, sin duda, acerté de pleno con mi amor por Disney). Cuanto más mayor te haces, más cuesta sentir eso. En parte, porque hay una probabilidad menor de que descubras algo por primera vez, a diferencia de la infancia, cuando todo es novedoso. Sea como sea, cuanto más mayor me hago, más intento experimentar al máximo esa sensación de descubrimiento y asombro. Lo considero un aprendizaje doble: por un lado, me ayuda a no caer en el cinismo ni el nihilismo por defecto; por el otro, me guía en la búsqueda activa de nuevas experiencias. Creo que es importante mantener esta sensación de asombro y adoración por el mundo para mantenernos conectadas con el presente.

También hay otras cosas, como poner límites y verbalizar tus necesidades; algo que, de pequeña, puede ser tan fácil como negarte a comer cosas que no te gustan o a participar en una actividad que no disfrutas. Durante la infancia comunicamos inmediatamente lo que queremos, sin dudarlo un segundo. Desde luego, eso es algo que se vuelve más difícil a medida que nos hacemos mayores y las situaciones dejan de ser tan fáciles de manejar, y no estoy abogando por que todos tengamos rabietas para salirnos con la nuestra, pero hay algo que sí sé: es muy importante aferrarnos a esa firmeza intrépida que tenemos en la infancia, algo que, por desgracia, a medida que las mujeres y *femmes* crecemos, se nos socializa para dejar de hacer y algo que ahora le estoy pagando a mi psicoterapeuta para recuperar.

Lo irónico es que, cuanto más sabemos, entendemos y *somos* nosotras, más nos damos cuenta de lo difícil que es. Y eso, querida, también es autoconciencia.

Todo esto sin mencionar algunas experiencias concretas de cada generación, como que los *milenials* maduraron junto con internet y la invención de los blogs y las redes sociales, y que la generación Z lo hizo durante un período de pandemia global y aislamiento social en el que, además, las redes sociales y la tecnología estaban desarrollando nuevas formas de elegir qué consumimos. Como *milenial* que nació poco antes de la llegada de la generación Z, siento que era lo bastante mayor como para ver el cambio que estaba teniendo lugar en cuanto a nuestra forma de percibirnos y posicionarnos en el mundo al mismo tiempo que lo vivía en carne propia.

Así que si la infancia es un período rico y fructífero para el autodesarrollo, ¿qué pasa a medida que nos hacemos mayores? ¿Por qué hay tantas personas, no solo mujeres y *femmes*, que sienten inseguridad o ansiedad y parecen desviarse del camino del autoconocimiento?

Bueno, como dice la frase que todos conocemos del filósofo francés Jean-Paul Sartre: «El infierno son los otros».

A medida que creces, el desarrollo de la autoconciencia acelera de pronto hasta alcanzar la velocidad de la luz, y la cantidad de cosas a las que te expones crece de forma exponencial. Hay millones de cosas nuevas a las que reaccionar y muchísimas perspectivas nuevas que tener en cuenta. Y una habilidad importante, pero difícil de entrenar, es la de saber reconocer qué opiniones proceden de personas a quienes de verdad les importa tu bienestar y cuáles de personas que te están juzgando. Ese mundo, que en algún momento pareció manejable y autocontenido, se expande de repente para incluir nuevos compañeros de colegio, maestros, amigos de amigos y, para quienes crecimos con internet, un sinfín de desconocidos en línea. Junto a la conciencia cada vez mayor de las tensiones que no dejan de crecer dentro de la olla a presión que es la sociedad patriarcal, estamos rodeadas de mensajes constantes, cada vez más y más fuertes, que nos dicen que hay que actuar de una manera concreta para ser aceptadas, da igual si proceden de nuestra familia, del cine y la televisión, de libros, de juguetes, de las redes sociales o de cualquier otra cosa que forme parte de la visión del mundo de una persona y que tenga un efecto sobre ella.

Incluso con mis sólidos cimientos familiares, a mí también me pasó, cuando empecé a darme cuenta de que estaba entrando en una fase de mi vida en la que mi forma de vestir, de hablar o de actuar, e incluso quién me gustaba o con quién pasaba el tiempo, podía ser juzgado y que jamás podría regresar a la ignorancia despreocupada de la infancia. Darme cuenta de eso fue aterrador de por sí. Ese período en el que el yo empieza a emerger es el momento en el que nuestra autopercepción y nuestros valores están en una mayor evolución y flujo, y puede ser difícil de manejar.

Aunque hoy en día tengo mucha seguridad en mí misma, no siempre he sido así. Y esto puede ser especialmente difícil si eres una persona *femme* racializada o si eres *queer* o estás cuestionando tu identidad en cualquier sentido, porque, aunque crecer y madurar dentro de las normas sociales ya es difícil, hacerlo fuera de ellas es aún más arduo.

Creo (¡espero!) que es normal observar tus primeros años de adolescencia y sentir un poco de vergüenza. Me decepcionaría si no fuera así. Aunque últimamente he empezado a ser más compasiva con la Drew adolescente. Sí, puede que ahora tenga que lidiar con facturas, impuestos y hombres tristes y detestables que no tienen nada mejor que hacer que ofenderse por lo que digo en internet, pero la Drew adolescente estaba muy ocupada con toda clase de cosas, desde ser, por lo menos, una cabeza más alta que el resto de la clase de octavo hasta proteger a su hermana para que los demás no se aprovecharan de su bondad o descubrir quién diablos era ella. Tuvo que lidiar con cosas tan serias como enfrentarse a prejuicios raciales y de género por parte de desconocidos y compañeros de clase, y cosas tan propias de la edad como un primer amor.

Me gustaría parar un momento para reflexionar sobre el enamoramiento, algo propio de la vida de las mujeres jóvenes, ya sea porque tú misma te enamores o porque asistas a los enamoramientos de las demás, como fue casi siempre mi caso. Lo loco de los enamoramientos durante este período en concreto entre la niñez y la adolescencia es que te hacen sentir que vas a morir, literalmente, y luego, una semana después, cuando se te pasa, ni siquiera sabes qué fue lo que te atrajo tanto. Todo lo demás que sucede a esa edad es supercaótico, así que tiene sentido que las experiencias románticas también lo sean. Pero los primeros amores también tienen algo valioso, ya que suelen ser uno de los primeros puntos de entrada para entender algo nuevo sobre nosotras.

De pequeña, Deison era muy enamoradiza. Yo era todo lo contrario. Yo qué sé... Mi desprecio por los hombres empezó temprano... y sí, soy una virgo que necesita controlar sus emociones y acciones en todo momento (y quizás esto no esté relacionado con la astrología, pero me encanta echar la culpa a las estrellas de todo lo que no puedo explicar sobre mi personalidad). Si alguna vez demostraba interés por algún hombre, solía ser algún famoso, y no sé si eso era una decisión consciente, porque sabía que los famosos no eran reales en el mismo sentido que mis compañeros de clase, o si tenía un ligero delirio de grandeza. Ya de joven, en esos años en los que una es tan impresionable, yo creía que estaba destinada a algo grande, tanto en lo profesional como en lo romántico. Quiero creer que mis estándares han sido elevados desde que empecé a conceptualizar las relaciones románticas, y quiero que todas hagáis lo mismo.

Al mismo tiempo, enamorarse es divertido. Las horas que pasé con mi hermana y nuestras amigas escribiendo *fan fiction* de los Jonas Brothers o analizando hasta el último plano de sus videoclips están entre mis recuerdos favoritos de la infancia. Yo diría que, sobre todo a esa edad, enamorarse es especialmente importante para descargar algo de esa energía que tienen las adolescentes y preadolescentes, que no suelen ser para nada conscientes de que la vida no gira en torno a frivolidades, como enamorarse de hombres que pueden merecer o no nuestra atención. Y esos amores, sobre todo con personajes de ficción o famosos, nos unían a nuestras amigas y otras admiradoras dentro de una comunidad en la que podíamos explorar juntas y de forma segura lo que quisiéramos y aprender a interactuar con el mundo.

Pero en los últimos años de la secundaria y los primeros del bachillerato, mis amigas y compañeras empezaron a pasar del mundo de los amores de fantasía a los reales. Es decir, empezaron a intentar establecer relaciones románticas, o al menos a enamorarse, casi exclusivamente con chicos reales. En los casos más extremos, incluso *se echaban novio*.

Ni Deison ni yo salimos con nadie en el bachillerato. Mi madre nos desalentaba activamente, porque quería que nos centráramos en los estudios. Yo tenía la mentalidad de un hombre de cuarenta y cinco años desde los diez, así que no me molestaba, pero cuidaba mucho a Deison, que sí se enamoró de muchos hombres que no valían la pena (y al final resultó ser lesbiana, así que ya ves). Yo sospechaba de cualquiera que pudiera herirla, así que ambas nos acercamos con cautela a estas nuevas situaciones. A medida que nuestras amigas empezaron a adaptarse a ese nuevo ecosistema de las citas y todas entramos en el mundo de la validación masculina, empecé a plantearme si mi perspectiva no tendría algo de malo. No me importaba hablar de tener citas en abstracto, pero ¿con los chicos mediocres de nuestro instituto? No lo entendía. Cualquier otra cosa me superaba y, sin embargo, durante esos últimos años de secundaria y primeros del bachillerato, parecía que esa energía se estaba apoderando de mis amigas y las de Deison.

Yo no fui la única que notó los cambios en quienes me rodeaban. Mi madre, que fundó una familia con su novio del bachillerato (aunque lo hizo esperar casi una década para que demostrara ser un compañero de vida digno, incluso después de tener dos hijas juntos), no era ajena a la posibilidad de un primer amor. Y si de verdad hubiéramos encontrado a alguien con quien hubiéramos querido estar, ella habría sido la primera en apoyarnos. Pero creo que ella sabía lo fácil que es caer presa de la validación masculina a esa edad y quería resaltar la importancia de nuestro valor intrínseco y nuestra seguridad aparte de esa ideología. Se lo agradezco mucho, sobre todo ahora que echo la vista atrás y veo el camino que me ha traído hasta donde estoy hoy.

Nuestros padres nunca nos prohibieron explícitamente salir con alguien, porque sabían que eso sería imposible; y nuestro padre tampoco cayó en el cliché de la masculinidad tóxica de intentar «proteger» a sus hijas tratándonos como si fuéramos de su propiedad o amenazando con violencia a cualquiera que se nos acercara. Solo quería asegurarse de que entendiéramos que su prioridad máxima era nuestra seguridad física. Mi madre fue quien lideró el abordaje como padres de nuestra incipiente vida amorosa. Sabía exactamente cómo hablarnos para que supiéramos que podíamos enamorarnos de quien nos diera la gana, pero que debíamos aprender a ser cuidadosas a la hora de actuar.

Un día nos dijo: «Si me entero de que una de vosotras está saliendo con alguien y la otra no me ha dicho nada… bueno, para empezar, sabed que *me enteraré*. Y cuando lo haga, *ambas* tendréis un problema por no haberme dicho nada». Y la cuestión es que no había ninguna duda de que mi madre se habría enterado. Las madres lo saben todo, pero la mía más que ninguna. Cuando nos sentó y nos dijo eso, Deison y yo nos miramos y supimos que nos controlaríamos entre nosotras y que no permitiríamos de ninguna manera que la otra se echara novio.

Entonces, ¿fue todo un malvado plan maestro de nuestra madre para aprovechar que nos protegíamos la una a la otra y lograr así que fuéramos nosotras mismas quienes hiciéramos el trabajo sucio? No estoy segura. Pero es un genio, así que no me sorprendería.

Está claro que, en cualquier caso, mis padres no tenían mucho de qué preocuparse, dado que a Deison le gustan las mujeres y yo apenas tolero a la mayoría de los hombres, pero al no prohibirnos explícitamente que saliéramos con alguien, lo que hicieron fue algo bastante transformador, sobre todo para dos niñas de esa edad: nos dieron el poder de elegir. Crearon un contexto que nos hizo expresamente conscientes de que cada decisión que tomamos no solo nos afecta a nosotras, sino también a quienes nos rodean, y que toda decisión tiene consecuencias. Así que sí, *podíamos* salir con alguien, solo teníamos que estar dispuestas a aceptar las consecuencias de ello.

En lugar de establecer reglas estrictas sobre qué podíamos hacer y qué no, nuestros padres nos ofrecieron guías que no buscaban evitar lo imposible, sino crear salvaguardas para que no perdiéramos de vista las cosas que queríamos hacer en la vida, entre las cuales seguramente no estaba tener una relación poco seria a los catorce años. Y como esas guías coincidían con los valores con los que nos habían criado, a nosotras no nos importaba respetarlas, sobre todo porque yo sentía que mis padres me tomaban en serio a mí y a mis intereses.

Cuanto mayor me hago y más escucho que soy como una hermana mayor para algunas de vosotras, más cuenta me doy de lo difícil que es ser una hermana mayor/mentora/figura materna o paterna y lo buenos que fueron mis padres. Y sobre todo ahora, que tengo la edad que ellos tenían cuando nos estaban criando, he aprendido a apreciarlos aún más y espero ser capaz de imitarlos en mis interacciones con amistades y admiradoras más jóvenes. Porque veo lo mucho que confían en mí y me respetan, y quiero estar a la altura. Quiero que esos sentimientos sean recíprocos, lo que implica confiar en personas a quienes se supone que también estoy guiando. ¿Sabes lo difícil que es para una sabelotodo como yo no decir nada cuando veo a alguien que hace algo que yo nunca haría? Es casi imposible. Pero a veces ser madre, padre, mentora o maestra significa dejar que la otra persona tome sus propias decisiones (dentro de lo razonable, desde luego) mientras te aseguras de estar allí para brindar tu apoyo si las cosas no salen como ella esperaba.

Mi padre siempre decía lo siguiente sobre la forma en la que nos crio: «Si abro la puerta a la confianza, entonces tengo que confiar de verdad». El regalo más grande que le puedes dar a alguien es la confianza, pero sobre todo a una persona joven. Porque si demuestras a alguien que confías en que tome sus propias decisiones, esa persona tendrá la confianza suficiente para acudir a ti cuando una decisión acabe siendo una lección vital. Yo siempre supe que podía recurrir a mis padres, incluso cuando me equivocaba, porque confiaba en que no solo iban a estar allí, sino en que no me juzgarían.

*   *   *

A pesar de que ni mi hermana ni yo salimos con nadie en el bachillerato, a mí me fascinaba cómo experimentaban algunas de mis amigas sus primeras relaciones, aunque, personalmente, yo no hubiera encontrado a nadie con quien quisiera vivir eso. Al fin y al cabo, las primeras relaciones y los primeros amores son un hito, y yo no dejaba de querer vivirlos.

Pero cuanto más oía hablar a mis amigas sobre novios y sexo, más confuso se volvía todo. Porque, incluso a esa edad, reconocía que las actitudes que mis amigas describían en esos chicos inmaduros no eran otra cosa que comportamientos de *fuckboys* que juegan con tus sentimientos para acostarse contigo... y eso fue incluso antes de saber qué era un *fuckboy*. Aunque, si eso era lo que todas las películas y series de televisión me decían que debía desear, y lo que todas mis amigas parecían querer, tenía sentido que yo también lo ansiara en algún momento, ¿no?

Al fin y al cabo, esa es la época de mayor socialización por géneros. Y con eso me refiero a todo, desde los códigos de vestimenta draconianos de mi colegio, donde las niñas no podían ponerse ninguna prenda que quedara por encima de la punta de los dedos cuando estaban de pie con los brazos estirados en dirección al suelo, hasta las complicadas dinámicas sociales de la secundaria y el bachillerato, cuando se espera que las niñas sean listas, pero no demasiado (de lo contrario, eres una sabelotodo), y sociables, pero no demasiado (de lo contrario, eres una zorra). Todo esto se traduce en estereotipos o reglas implícitas, como que «Las chicas son puro drama». O que «Si muestras tus sentimientos, no eres un hombre de verdad». O que «Cualquier chica que habla con más de un tío a la vez es una fresca». Más adelante en este libro dedicaré un rato a desentrañar cómo llegamos a esas conclusiones misóginas. Pero, por aquel entonces, esas creencias estaban tan generalizadas que, de adolescente, las acepté como verdades, aunque el mero hecho de escribir eso ahora me dé náuseas. Y así es cómo funciona el patriarcado: crea reglas arbitrarias cuyo objetivo es castigar a las mujeres y lavarles el cerebro para que, no solo se las crean, sino que también las hagan cumplir.

Todo esto crea un entorno en el que los varones adolescentes pueden comportarse de forma insensible o cruel, y lo único que pasa es que alguien exclama «¡Así son los chicos!» y, por algún motivo, eso los convierte, además, en más atractivos en el mundo de las citas del bachillerato y fuera de él. Por eso el patriarcado es una trampa, porque caer en él no hace más que reforzar creencias nocivas que empujan a las mujeres a oprimir a otras mujeres para elevar a los hombres. Y es una locura, porque cuanto más a fondo entramos en esta mentalidad de jóvenes y más tiempo pasamos con ella, más difícil es desmontarla en el futuro. Así es como se perpetúa el patriarcado y va sumando soldados de a pie, por más que insistamos en que queremos desaprender esa mentalidad.

Me avergüenza admitirlo, pero yo también estaba convencida de que así era el mundo cuando era más joven, lo que me llevó a ser una chica que buscaba todo el tiempo la atención y la aprobación de los varones durante el bachillerato (ya hablaré más sobre ese período oscuro de mi vida). Y no fue hasta mucho más tarde que conseguí la claridad mental necesaria para cuestionar lo jodida que es esa priorización del ego masculino y pude reflexionar por fin sobre lo insidiosa que es nuestra cultura dominada por los hombres y lo temprano que nos entra en la cabeza. Es que, joder, empieza incluso antes de nuestro nacimiento, con las fiestas para desvelar el sexo del bebé y las listas de cosas que los padres desean recibir como regalo. ¿Quién decidió que los trenes, los camiones y los Legos solo pueden gustar a los niños y que las muñecas, los conejos de peluche y los hornos de juguete solo pueden gustar a las niñas? ¿Cuántas veces he oído a alguien intentar que su hijo deje de llorar diciéndole que los niños no lloran? ¿Por qué les decimos a niños de cinco o seis años que pasatiempos como dibujar o jugar a las casitas son para niñas, o a las niñas que ser demasiado dominantes en algunos deportes puede hacer que los chicos se sientan poco hombres? ¿Por qué hay tantos códigos de vestimenta que apuntan claramente a controlar a las mujeres y su cuerpo, incluso ya en la escuela primaria y la secundaria?

La buena noticia es que, tarde o temprano, la mayoría de las personas (y aquí la palabra clave es «mayoría») reconoce que, casualmente, todas esas creencias son sexistas. Empiezan a ver el daño implícito que supone la perpetuación de una ideología que enfrenta a las mujeres entre sí y las ubica en un lugar donde solo las valoran como accesorios de la vida de los hombres. La mala noticia es que, como sucede con el virus de la gripe, estas reglas y creencias parecen mutar con el paso de los años a medida que cada generación debe lidiar con sus propias versiones de estos estereotipos y expectativas definidas por el género, y no parece que eso vaya a cambiar pronto. Se resisten a ser erradicadas porque se adaptan a nuevos entornos y se refuerzan con cada «mutación». Piensa, por ejemplo, en la insistencia de las primeras feministas en el derecho de las mujeres a trabajar y, luego, una vez que se consiguió eso, la revelación de que a las mujeres se les pagaba, se las ascendía y se las contrataba menos, algo que sigue siendo un problema hoy en día. Por más que estemos avanzando poco a poco para intentar eliminar las desigualdades de género, ahora existe la expectativa de que las mujeres no solo deben tener un trabajo a tiempo completo, sino también ser las principales amas de casa y cuidadoras de la familia. Esperamos que las mujeres sean todo y se ocupen de una parte cada vez mayor de la carga, mientras que nuestras expectativas para los hombres permanecen en el mismo lugar de siempre. Dime, ¿qué tiene eso de igualdad?

Por más difícil y loable que sea reconocer el daño que causan estos patrones de pensamiento, es aún más complicado desaprenderlos. Sigue siendo un largo camino, incluso para mí. Y sé muy bien que lo central es esforzarse y estar dispuesta a aprender, y hacerlo *de verdad*, no solo adoptar el lenguaje y dar el trabajo por terminado. Los hombres que creen que merecen ser reconocidos por identificarse a sí mismos como feministas, pero actúan como si ese fuera el final del camino, pueden alejarse de mí y llevarse consigo toda esa mierda de falsa solidaridad.

Por eso son tan importantes las personas de quienes te rodeas, porque te pueden ofrecer contexto y un espacio seguro donde conversar sobre cómo moverse por este mundo nuevo y aterrador. Cuando miro a la adolescente que fui y a la adulta segura de sí misma que soy, sé que se lo debo a mis padres, familiares y amigos mayores, por haberme guiado y elevado. Ahora que estoy donde ellos estaban, es mi deber transmitir la orientación que me ofrecieron, y por eso estoy tan decidida a empoderar a mujeres y *femmes* jóvenes en particular.

Lo que me parece especialmente horrible es cuando esa socialización prejuiciosa proviene de adultos ignorantes que no entienden la importancia de estar en una posición de poder en relación con otra persona. Por ejemplo, cuando estaba en el instituto, hubo un semestre en el que mis notas de matemáticas se desplomaron. Siempre había sido una estudiante concienzuda, ya que mis padres me habían criado para tomarme la escuela en serio y esforzarme en todas las asignaturas. Mi madre no entendía cómo podía ser que de pronto estuviera suspendiendo una asignatura en la que antes sacaba dieces. Pero era porque ese año me habían puesto en una clase con una maestra tan denigrante y cruel que me paralizaba tanto que me negaba a levantar la mano y sentía pavor ante la idea de tener que asistir a su clase. Y no era la única: esa maestra se comportaba de un modo que hacía que todos sus alumnos no blancos nos sintiéramos incómodos en su clase. Visto en perspectiva, puedo identificar su racismo y llamarlo por su nombre, pero, en aquel entonces, lo único que sabía era que la mera idea de asistir a su clase me llenaba de tanto temor que me drenaba la energía y afectaba, no solo a mis notas, sino también a mi autoestima.

Las familias samoanas tienen un aprecio especial por los maestros y otras figuras de autoridad profesional, por el papel que desempeñan en la comunidad, impartiendo conocimiento y moldeando la mente de los jóvenes. A los doce años, yo todavía creía que, como ella era maestra, se merecía mi respeto. Tuve la suerte de tener padres atentos y en quienes confiaba lo suficiente como para compartir lo que sentía de verdad. Cuando le conté a mi madre mis experiencias en la clase de esta maestra, ella vio de inmediato de qué iba esa conducta y armó un escándalo con la administración del centro. No dejó ninguna duda de que lo que estaba sucediendo era inaceptable.

Si piensas en los efectos a largo plazo que pueden tener esas conductas si no se frenan, es escalofriante pensar que esa persona no solo era adulta, sino que se le había encomendado la tarea de educar a gente joven. Esas personas transmiten, a propósito o no, sus propias creencias desacertadas a la juventud maleable y eso suscita nuevas dinámicas prejuiciosas y violentas, a medida que evolucionan con cada nueva generación.

Nadie nace con creencias sexistas y racistas: la idea de que un grupo de personas es superior a otro por su género o raza es una construcción creada por el hombre y una pieza central del colonialismo y el patriarcado occidental. El odio engendra más odio, así que si me encuentro con una persona joven con creencias sexistas y racistas muy arraigadas, sé que se debe a que hubo una serie de adultos en su vida que le han fallado. Y, por eso, cualquiera que ocupe un papel en la crianza o la educación de los jóvenes tiene la responsabilidad de ser proactivo en la formación de sus puntos de vista, sin transmitir ningún sesgo.

Pero también todas llegamos a un punto en el que ya no nos vale ser pasivas y dejar que esos sesgos nos moldeen. En algún momento, pasa a ser responsabilidad nuestra buscar información, formarnos, rodearnos de perspectivas diferentes y decidir si vamos a dejar que el *statu quo* persista o si asumiremos el difícil trabajo de rechazarlo y combatirlo. Cuando se trata de soltar esa mentalidad, hay muchos factores que juegan en contra de las personas marginadas que nos vemos forzadas a asimilarnos a un mundo racista/sexista/homófobo/tránsfobo, sobre todo cuando esos prejuicios arraigan en nuestra mente mucho antes de que podamos identificarlos. No es culpa nuestra haber nacido ignorantes, pero si lo es morir así.

* * *

Cuanto mayores nos hacemos, más en sintonía entramos con las expectativas del mundo, tanto las buenas como las malas. Créeme, sé lo difícil que puede ser cuestionar o resistirse a algo que está integrado en el tejido mismo de nuestra sociedad. He pagado un precio muy alto, desde perder amigos varones que no se sentían cómodos cuando les cuestionaban sus creencias machistas hasta oportunidades de ganar dinero. A esos cobardes les digo: HASTA NUNCA. Esa reacción es precisamente el motivo por el que me dedico a hacer ruido y a ser lo más molesta posible a la hora de señalar y denunciar los casos de injusticia que veo a cualquier nivel, para que nadie dude ni interiorice esas macro o microagresiones.

* * *

La complicada cuestión de saber quiénes somos, en quiénes nos convertiremos y cómo lo haremos solo podemos resolverla nosotras mismas, pero lo que deseo para todas las personas jóvenes que estéis leyendo esto es que tengáis la oportunidad más grande posible de explorar esa cuestión, sin importar cuál sea vuestro recorrido, y que la prisa por crecer no os haga olvidar nunca quiénes fuisteis de pequeñas; la belleza de vivir es que siempre podemos aprender algo valioso de la fase en la que nos encontramos.

3. Confesiones de una *pick me girl* adolescente

A la gente le encanta acusarme de ser «demasiado dura con los hombres». Les encanta decir: «¡Pero no todos los hombres son iguales!». Y cuando hablo de «gente», me refiero a las personas prejuiciosas o a quienes simpatizan con ellas, lo que, creo yo, hace que sus opiniones pierdan automáticamente cualquier tipo de validez. Hay varios motivos por los que me da igual lo que piensen, y profundizaremos en ellos, pero la realidad es que, por más fantástico que sea un hombre a nivel individual, todos se benefician del patriarcado. Así que sí, eso incluye a los hombres a quienes quieres y admiras, e incluso a los hombres de mi propia vida, como mi hermano, mi padre y Pili. Si no me ando con rodeos al hablar de ellos, mucho menos lo haré al hablar de ti.

El mundo está literalmente organizado de forma que los hombres cisgénero tienen oportunidades ilimitadas y no me interesa en absoluto contribuir a eso. En cambio, la misión que me he fijado en esta vida es proporcionar esa energía y generosidad a las mujeres y *femmes*, a quienes apoyaré y acompañaré hasta mi último aliento. Pero lo más curioso, o quizás lo más jodido, es que las mujeres suelen ser las mayores defensoras de los hombres. Por más respuestas positivas que reciba de personas que se sienten empoderadas por mi contenido, mis comentarios están llenos de casi la misma cantidad de críticas por parte de gente que me viene con eso de «no todos los hombres». Y lo más descorazonador es cuando son mujeres. Intentan decirme que me equivoco en todo y que, aunque los hombres a quienes fastidio en línea son conscientemente intolerantes, yo me he «pasado». Esos hombres no tienen el mínimo respeto hacia los demás y, aun así, algunas mujeres sienten la necesidad de defender a todo el género masculino en mi sección de comentarios.

A esas mujeres, en primer lugar, os pido que profundicéis y examinéis por qué mis vídeos os provocan lo que os provocan. Con todo el respeto, si ni siquiera hablo de vosotras, ¿por qué sentís la necesidad de responder? ¿He mencionado a vuestro novio/prometido/esposo por su nombre? ¿No? Entonces, ¿qué os hace sentir tan atacadas personalmente? ¿Por qué sentís la necesidad de cuidar de un hombre a quien ni siquiera conocéis, un hombre que ha expresado un enorme desagrado por las mujeres? ¿Habéis pensado que quizás deberíais tratar ese tema con vosotras mismas o directamente con vuestro novio/prometido/esposo en lugar de conmigo, una total desconocida de internet?

Sin embargo, a menos que una mujer sea explícitamente odiosa o violenta hacia otras, no creo que sea buena idea usar mi plataforma para humillarlas ni señalarlas del mismo modo que hago con los hombres detestables, porque sé que, si están en los comentarios intentando defender a un hombre terrible y mediocre a quien no conocen, es porque, lamentablemente, todavía están en su fase de *pick me girl* o «chica escógeme».

Si no conoces el término, lo cierto es que se explica bastante solo. Imagina a un grupo de mujeres frente a otro de hombres (en su mayoría poco merecedores de atención), todas rogando que ellos las vean, que las escojan, que se queden con ellas. No estoy segura del origen preciso del término, pero creo que procede de una escena clave de *Anatomía de Grey* en la que Meredith Grey le ruega a Derek Sheperd que la escoja en lugar de a otra mujer. Seguro que todas la recordáis, ¿verdad? «Escógeme, quédate conmigo, quiéreme»… Puede leerse de forma literal y metafórica. Una mujer poniendo en juego su autoestima a cambio del afecto de un hombre, todo eso a expensas de otra mujer. Pero también podría implicar «no ser como las demás chicas», en el sentido de rechazar o despreciar intereses o pasatiempos de los que suelen participar las mujeres o *femmes*, o exagerar o hacer ver que te interesan algunas cosas que son más atractivas para los hombres para ser «uno más» de los chicos. O quizás implique pasar por alto conductas irrespetuosas para demostrar lo «guay» y «enrollada» que eres.

Piensa en el monólogo de la «tía guay» de la película (o la «chica enrollada» del libro) *Perdida*, interpretado por la antiheroína Amy Dunne, que finge su propio asesinato e incrimina a su esposo cuando descubre que él la ha estado engañando, a pesar de que ella ha desarraigado toda su vida para mudarse a Misuri, donde él se ha criado. Según la descripción que hace Amy, la «tía guay» adora los deportes, el póker, los chistes verdes y eructar, juega a videojuegos y bebe cerveza barata. Es comprensiva. Nunca se enfada. Solo sonríe de manera disgustada, pero cariñosa, y deja que los hombres hagan lo que ellos quieran. Sin embargo, a mi parecer, la parte más impactante de este monólogo es el momento en el que revela que la «chica enrollada» es una farsa: «Los hombres realmente creen que esta chica existe. Quizás se engañen porque muchas mujeres están dispuestas a fingir que lo son».

Lamentablemente, hay mujeres dispuestas a fingir que son así porque, cuando el patriarcado te ha lavado el cerebro, que te digan que eres guay o enrollada es el máximo cumplido que puedes recibir de un hombre. Se considera casi una medalla al honor, una migaja de validación que no solo debería alimentarnos, sino que deberíamos seguir persiguiendo. Porque esa sencilla palabra implica todas las otras cosas que una chica «no debería» ser: celosa (solo porque quiere que su pareja sea fiel), exigente (solo porque no quiere que su pareja priorice las salidas con sus amigos por encima de los quehaceres del hogar o pasar tiempo en pareja), histérica (solo por enfadarse, y con razón, al descubrir que él ha estado enviando mensajes por privado a otras chicas) o, ya sabes, cualquier otra reacción lógica. Pero, una vez más, la definición misma de misoginia es que los hombres no ven a las mujeres como merecedoras del más mínimo respeto.

La primera vez que vi esa película tenía diecinueve años y jamás me había sentido tan comprendida como cuando escuché esas palabras que me dieron una nueva perspectiva sobre gran parte del mundo que me rodeaba, porque me entristece decir que la búsqueda de la validación masculina es algo que *todas* las mujeres y *femmes* han sufrido en algún momento de su vida, incluida yo. Darme cuenta de eso desembocó en una serie de recuerdos relámpago. ¿Cuántas veces había pasado por alto el mal comportamiento de un hombre para no generar un escándalo ni parecer difícil? ¿Y a cambio de qué? ¿Un reconocimiento guay, pero pasajero, por parte de un hombre cuyo lóbulo central no estaba del todo desarrollado? Si eso era lo que recibía por ser una tía guay, ¿sabes qué?, a la mierda con ser guay y a la mierda con ser enrollada. Si la recompensa por ser la chica «más guay» de la sala es una pizca de atención por parte de los hombres más mediocres del mundo, entonces con gusto me comprometería a no volver a ser guay nunca más. Ni tampoco enrollada. Aunque quizás yo sí tenía algo de tía guay: no, no iba a ser como las demás chicas, iba a ser mucho, mucho peor.

Desde luego, hay muchas mujeres y *femmes* que disfrutan del fútbol, los chistes verdes, los eructos y la cerveza barata. Personalmente, hay algunas de esas cosas que me gustan bastante. La diferencia entre la Drew adolescente y la Drew actual es que yo ya no creo que mi interés por todo eso me convierta en alguien especial ni diferente, y tampoco quiero que así sea. Ya no me importa una mierda si lo que me gusta a mí me convierte en una mujer más o menos atractiva para los hombres.

Porque esa es la esencia de una *pick me girl*: alguien cuya vida está tan dedicada a obtener la aprobación de los hombres que esa intención tiñe todo lo que hace. Ese deseo de aprobación masculina es lo que refuerza la creencia de que, de algún modo, ella es la única a la que le gusta tanto la liga de fútbol americano, que no hay ninguna otra mujer con el mismo conocimiento ni experiencia y así, por lo tanto, solo ella puede tener conversaciones reales sobre ese tema con hombres. De ahí salta a la siguiente conclusión: si ella es la única mujer que puede «relacionarse» con hombres o discutir sobre esos intereses con ellos, entonces es más probable que los hombres la «escojan». El cálculo reduccionista es bastante simple.

O piensa en *pick me girls* que aseguran que no les molesta nada lo mucho que babea su novio cuando mira fotos de modelos en Instagram o tontea con sus compañeras de trabajo porque ella no es celosa ni insegura, como las demás chicas. Pero yo estoy aquí para decirte que no deberías tener que normalizar los casos en los que tu pareja monógama supera ese tipo de límites para alimentar las fantasías de los hombres, y que el hecho de que te importe que esos límites se respeten no significa automáticamente que seas una persona insegura. El problema con esta actitud desenfadada y misógina es que no solo es fantasiosa y poco sincera, sino que forma parte de una carrera para llegar al fondo del pozo. Si tu abordaje para conectar con cualquier persona, no solo con los hombres, se basa en la superioridad, nunca conseguirás construir una base estable para una relación significativa de cualquier tipo.

Las *pick me girls* no operan solo en las relaciones interpersonales, también en las laborales. He estado en muchas salas en las que era la única mujer o persona racializada y eso jamás me ha hecho sentir empoderada ni una ganadora, solo aislada e ignorada. No entiendo por qué alguien, y sobre todo mujeres/*femmes* que han crecido en un patriarcado y han visto la violencia que eso inflige contra ellas, podría adherirse a esa ideología alienante y solitaria.

Antes de seguir, quiero aclarar algo para que no se me malinterprete. Si bien no tengo paciencia con las *pick me girls*, sí siento empatía por ellas. ¿Cómo no? No solo las entiendo, sino que yo fui una de ellas. Aunque siempre he sido una persona que dice lo que piensa, durante casi toda mi adolescencia, desde el principio de la secundaria hasta los primeros años de la universidad, yo deseaba obtener la aprobación de los hombres. No era una decisión consciente, pero sí inevitable. La experiencia de haber sido adoctrinada con una perspectiva misógina desde mi nacimiento en un patriarcado no es algo que me haya pasado solo a mí. Al echar la vista atrás, veo cómo, durante años, lo que hacía era priorizar los sentimientos de los hombres por encima de mi propia comodidad o seguridad, o convencerme de que, por algún motivo, recibir atención masculina me hacía especial. A menudo eran hombres a los que ni siquiera conocía, mucho menos que me gustaran o a quienes respetara, así que permitir que sus opiniones controlaran mi vida y autoestima ahora me parece ridícula.

Entonces, ¿cómo podría no sentir lástima por las *pick me girls*? Están viviendo una vida vacía de color y del amor incondicional y el apoyo de otras mujeres. Porque, tal como me di cuenta de más joven, así es tu vida cuando solo la dedicas a los hombres: vacía.

*　*　*

Habiendo sido una *pick me girl*, soy capaz de detectar todas las señales a kilómetros de distancia, y reconozco la importancia de hacer sitio a las mujeres/*femmes* que todavía van a la deriva, pero entendiendo a la vez que no es nuestra labor salvarlas. No puedes salvar a quien no quiere ser salvado. Aunque también creo que, en cuanto sean capaces de cambiar su mentalidad y desmontar sus conductas de búsqueda de la validación masculina, se darán cuenta de que la vida es mucho mejor al otro lado. Verán, de una vez por todas, que vivir según los caprichos de los hombres no es vida.

También entiendo que a las mujeres se nos socializa para comportarnos así porque, a pesar de los progresos obtenidos en la liberación de la mujer y la aceptación más generalizada del feminismo, no se puede negar que la sociedad moderna ha sido creada por hombres y prioriza su dominio a expensas del resto de las personas. Ser una *pick me girl* es un mecanismo de defensa que algunas desarrollan al entender, ya sea implícita o explícitamente, que el terreno de juego jamás ha estado igualado y quizás nunca lo esté. Al fin y al cabo, los hombres ganan más y reciben ascensos más rápido y más a menudo. Los hombres están a la cabeza de la enorme mayoría de las empresas mediáticas, universidades e instituciones culturales, y empleadores, médicos y maestros los toman más en serio. Y por si esto fuera poco, está situación también hace que las mujeres se enfrenten entre sí. Esta ideología nos convence de que los hombres solo pueden ver y prestar su atención a una de nosotras. ¿Y qué pasa en las industrias dominadas por hombres? Cualquier posibilidad de sororidad queda aniquilada, sobre todo en el ámbito laboral. Y por mucho que haya progresado el empoderamiento femenino a lo largo del último siglo, la verdad es que el poder sigue concentrado en manos de hombres cisgénero, blancos y heterosexuales.

Y así, al enfrentarnos a una revelación de semejante magnitud, las mujeres entendemos que nuestra expresión de género nos hace vulnerables al daño, la discriminación y la violencia, y eso también nos conduce a anticipar esas conductas. Lo que, a su vez, dispara el impulso biológico que nos lleva a buscar la seguridad. Y el mayor mito que las estructuras de dominación transmiten a quienes oprimen es que, si someten y desprecian a sus iguales, convencerán a quienes ejercen el poder no solo de que son dignas de protección, sino de que son más dignas que las demás. Ese es el entorno competitivo que hace emerger la actitud de «escógeme», pero quienes terminan en la cima son los mismos que han tenido siempre el poder. Todo esto no es más que una distracción para que nos enfrentemos entre nosotras porque, si nos concentramos en eso, no veremos a los hombres misóginos que cierran la puerta a su paso (e impiden que nadie la vuelva a abrir). La contradicción inherente de las chicas «escógeme» es que establecen una dinámica en la que la igualdad no será jamás posible porque es algo que tienes que pedir por favor.

Un ejemplo perfecto de esto es una experiencia que viví después de crear mi plataforma. Un hombre detestable hizo un vídeo violento e intolerante sobre mí en el que repetía lo mismo que suelen decir constantemente los incels y me soltaba insultos poco originales, como «gorda» y «fea». Entre los neandertales que se amontonaban en la sección de comentarios había una mujer que no me seguía y que quería informar de ello a todos esos hombres. Escribió un comentario en el que criticaba mi apariencia e insinuaba que, sin la ayuda de los filtros, yo sería fea, porque «es imposible que tenga esa pinta en la vida real».

El creador de ese vídeo lleno de odio no prestó atención a ese comentario suyo, pero sí a otro. Un hombre había respondido al comentario de la mujer diciendo: «Tu imagen de perfil tiene filtro. Así que si yo fuera tú, cerraría la puta boca». El creador del vídeo original le dio «me gusta» a ese comentario. Esa mujer, a la que yo no conocía y con la que no había interactuado jamás, participó de la hostilidad que iba dirigida hacia mí y, aun así, terminó siendo blanco de ella. ¿Por qué? Porque al final... ella es una «zorra», igual que yo. Da igual a cuántas mujeres pisotees para que los hombres más mediocres del mundo te vean; jamás serás superior a ningún hombre. Siempre estarás un peldaño por debajo. ¿Y cómo van a respetarte si siempre te miran desde arriba?

En el capítulo anterior hablé de lo temprano que empieza la socialización por género y de las expectativas que tenemos sobre los bebés incluso antes de nacer. Y de cómo, a medida que las niñas se convierten en adolescentes, que es cuando la mayoría de las personas empiezan a afinar el sentido de la autoconciencia, entienden, de forma brusca y explícita, qué papel tiene el género en las estructuras de poder que componen nuestra sociedad.

Lo triste es que, en su faceta más eficaz, el patriarcado no solo subyuga a las mujeres y les hace creer que son inferiores, sino que también hace que los hombres se conviertan en versiones menos empáticas y cerradas de lo que podrían ser. En resumen, para que el patriarcado funcione, todo el mundo tiene que fastidiarse.

Al fin y al cabo, si la adolescencia femenina es emocionalmente volátil, la masculina es un infierno muy concreto para todos los involucrados: si combinas la pubertad con la fragilidad del ego masculino y las dinámicas de camaradería social entre hombres, no debería sorprenderte que los institutos y universidades típicas de Estados Unidos creen entornos hipermasculinizados, desde las fraternidades hasta la cultura tóxica del ligoteo, que hacen que los jóvenes entiendan, de manera implícita, que sus opciones pasan por apoyar el patriarcado o convertirse en víctimas de él (y sabemos por qué tienden a evitar lo segundo).

La primera vez que me pidieron una foto desnuda fue en mi primer año de instituto.

Tenía catorce años y acababa de empezar las clases en un nuevo condado. La mayoría se conocían del colegio, así que yo era algo así como la nueva. Me apunté al equipo de voleibol y, en aquel instituto, las chicas del equipo se consideraban de las «populares», y a mí me apetecía mucho hacer nuevas amigas. Enseguida me hice amiga de mis compañeras de clase y de equipo, sobre todo porque nos tocaba atender el bar durante los partidos del resto de equipos del instituto.

Un día, bastante al principio de la temporada, yo estaba cubriendo uno de esos turnos cuando un chico se acercó con sus compañeros. Inmediatamente, todas las chicas empezaron a reírse por lo bajo y a susurrar lo guapo y popular que había sido él en el colegio, y que ahora estaba aún más guapo. Por más que no fuera del todo mi tipo, cuando oí eso pensé: «¿Ah, sí?». Porque supuse que, si a todas las chicas les gustaba, entonces a mí también tendría que gustarme. Recuerda que, por aquel entonces, yo todavía era una *pick me girl*, así que la validación masculina me importaba mucho, sobre todo si provenía de un chico que les gustaba a todas las demás.

Para mi gran alegría, empezó a hablar conmigo y me pidió mi número de teléfono. Y yo se lo di, claro. En cuanto se fue, todas las chicas se abalanzaron sobre mí para felicitarme. «¡Dios mío, ¡qué suerte tienes!». Frente a ellas, fingí que me daba igual, pero por dentro no dejaba de sentir que si ese chico «popular» se había fijado en mí era porque yo merecía su atención, ¿verdad?

Esa noche me escribió un mensaje y, aunque al principio la conversación no fue demasiado... inspiradora (fue algo como: «Hola». «Hola». «Bueno... ¿Qué te cuentas?». «No mucho, ¿y tú?». Y así durante unos quince minutos), yo aún estaba vibrando por el subidón que me había generado su atención. Y fue entonces cuando la conversación empezó a torcerse.

Primero me dijo: «Pareces muy guay, deberíamos quedar algún día», lo que me hizo soltar una risita. Pero luego escribió: «La verdad es que no recuerdo tu cara, deberías enviarme una foto para que no se me olvide nunca».

Ten en cuenta que todo esto estaba sucediendo el mismo día, así que por dentro yo pensaba «¿Han pasado cinco horas como mucho y no recuerdas mi cara?». Pero bueno. Y entonces, bendita sea la ingenuidad de la Drew adolescente, lo que hice fue enviarle un selfi tonto sacado con mi teléfono plegable donde sonreía como si posara para una foto de perfil de LinkedIn. Es posible que incluso levantara el pulgar. Desde luego, eso no era lo que él quería, así que tuvimos un par de intercambios más en los que él intentó pedirme, con muchos rodeos, emojis que guiñaban el ojo y «ya sabes» lo que quería de verdad, pero yo no sabía nada, porque era una niña de catorce años, joder, hasta que él terminó por perder la paciencia y me lo dijo sin tapujos.

«Deberías mandarme un desnudo. Una foto tuya desnuda».

Eso me sorprendió tanto que le pregunté por qué. Porque de verdad que no lo entendía, en primer lugar, ¿por qué querría alguien algo así?; y, en segundo lugar, ¿qué le hacía pensar que se la enviaría? Y el idiota simplemente respondió «para verte». Tío, ¿pero qué coño...? ¿Y por qué no te miras los huevos, pavo?

Cuando me negué, él tuvo el descaro de decir: «¿Por qué no? No seas aburrida». En ese momento ya perdí la calma y le respondí: «Porque no quiero. Y me das ASCO». Y entonces él respondió: «Me da igual. Tampoco eres tan guapa».

Al día siguiente, fui al instituto y les conté la historia a mis amigas que pensaban que él era guapo, y entonces me enteré de que él había estado diciendo a otros compañeros de mi curso que yo no le gustaba porque era una «puta mojigata». Así me llamó. Y cuando me enteré del rumor, mi respuesta fue: «Decidle que puede venir y decírmelo a la cara».

Obviamente, nunca lo hizo. De hecho, no volvió a hablarme en los cuatro años de instituto. Me gusta pensar que eso fue porque, incluso entonces, él comprendió que yo no iba a perder mi tiempo hablando con alguien que me faltara al respeto.

Cuando recuerdo ese incidente, me vuelve a invadir la misma ira que entonces. Es indignante, no solo que se sintiera con derecho a pedirme una foto desnuda, sino que además se atreviera a llamarme «mojigata» por no querer enviársela. Como si yo le debiera algo. Y lo peor es que sé que chicas aún más jóvenes de lo que era yo entonces tienen que aguantar constantemente esas mierdas, y que las consecuencias pueden ser mucho peores. Por más traumatizante e indignante que fuera para mí que me llamara mojigata frente a mis compañeros de clase, sé que es raro que no me llamara algo peor (y que hay chicos que me habrían llamado cosas peores a mí o a mis amigas, incluso por lo que ellos perciben como transgresiones menos graves que esa).

Cuando vemos las cosas de las que son capaces los chicos, incluso a la tierna edad de catorce años, ¿por qué nos sorprende que acaben convirtiéndose en hombres despreciables y odiosos?

Esa fue una situación en la que mi cabreo por la falta de respeto superó mi miedo a no gustar, pero, en general, mis años como *pick me girl* están repletos de incontables cesiones en las que sacrifiqué el respeto por mí misma y mis deseos en pos de la validación o el ego masculinos. Sobre todo si tenemos en cuenta que, en comparación con cuando era pequeña, parecía que los chicos con los que antes me habría sentido cómoda pasando el rato y haciendo tonterías habían empezado a actuar de una forma completamente diferente, como si no pudieran ser mis amigos a menos que su pandilla de amigos también me aprobara, y esa aprobación parecía estar firmemente basada en si creían que estaba «buena» o era «guay», sea lo que sea que signifique eso a los catorce años.

A esa edad, la Drew adolescente no entendía qué era lo que desataba esa transformación en los chicos de quienes quizás antes podría haberse hecho amiga sin ningún problema. Lo único que sabía era que había un conjunto de «reglas» tácitas que las chicas debían seguir. Reglas nuevas que parecían haber surgido de la noche a la mañana. Lo que sé ahora, pero en ese momento no veía, es que esas reglas no tenían nada de nuevas, sino que por fin estábamos empezando a percibir el antiguo código del patriarcado del que hasta entonces habíamos tenido la suerte de no ser muy conscientes.

Frente a ese brusco despertar, llegué a la conclusión de que gustar a los chicos era el capital social más sólido que podía poseer. Y así, al igual que todas las chicas que me precedieron, y probablemente todas las que me sigan, yo también empecé a participar de los ya mencionados comportamientos para obtener la atención y la validación masculinas.

Sobre todo, después de pasar del colegio al instituto, dirigí mi ojo crítico hacia mí misma e intenté deshacerme o diluir cualquier interés, prenda de ropa, opinión o idea que pudiera traerme problemas con los chicos, como cuando ocultaba que era una *fangirl* o me vestía para estar «guapa» en lugar de cómoda. ¿Y a qué me refiero con «problemas»? Cosas que los molestaran, que fueran poco guais o que no tuvieran nada que ver con lo que estaba adaptado a sus preferencias colectivas.

Me molesta recordar mi comportamiento de entonces, porque permití que la vergüenza y las presiones sociales no me dejaran expresarme en mi totalidad. Perdí un tiempo muy valioso preocupándome por la opinión que tuvieran de mí varones que no estaban para nada a mi altura. Me rompe el corazón haber sentido que necesitaba negarme a mí misma o hacerme más pequeña, y por eso ahora soy tan desvergonzada al respecto de las cosas que me encantan. Porque no es solo que esa otra forma de vivir sea demasiado triste, sino que cuanto más tiempo participan las mujeres de esas conductas de *pick me girl*, y piensan cosas negativas de sí mismas, de sus intereses y de los comportamientos típicamente femeninos, más parecen irradiar esas opiniones hacia fuera y más se ve afectada su forma de interactuar con otras mujeres. Y así, de pronto, la misoginia deja de ser algo meramente interiorizado y también se exterioriza.

En los casos más extremos, te conviertes en alguien como la gerente que tuve en mi primer empleo, a mis veintipocos, una mujer que deseaba tanto ser la única mujer en una industria dominada por los hombres —y un tipo de mujer muy concreto, además—, que me desanimaba y desgastaba siempre que podía. Toda mi vida me ha importado mucho mi estilo como medio de expresión, sobre todo al ser una mujer racializada, y, ahora que me habían dado la oportunidad, estaba lista para darlo todo con mi vestimenta y mi aspecto en la oficina. En mi caso, eso significa maquillaje, uñas y pestañas postizas. Por otro lado, mi gerente no dejaba de hacer comentarios microagresivos sobre mis uñas y pestañas en los que claramente insinuaba que mi femineidad y mi forma de expresión no eran aceptables para el ambiente laboral. Que eran señales que hacían entender a los hombres que no debían tomarme en serio como compañera de trabajo, ni mucho menos como una igual. Y, aunque no puedo estar segura, imagino que no debí de ser la única empleada joven a la que le hizo eso: piensa en cuántos sueños de mujeres profesionales debió de destruir en su afán por permanecer para siempre en su puesto de mando intermedio; a cuántas mujeres debió de hacer creer que jamás merecerían sentarse a la mesa con sus equivalentes masculinos, así que mejor darse por vencidas (porque solo había sitio para una sola: ella). En vez de ser una mentora que me ofreciera ánimos y un espacio seguro para lograr lo mismo que ella o incluso más, sobre todo en una industria dominada por los hombres, ella eligió la opción de la escasez, creyendo que cualquier triunfo mío significaba una oportunidad menos para ella.

Pero también hay aspectos más sutiles sobre los que es razonable que, si te pasas la vida hiperatenta a los intereses masculinos, acabes distorsionando tu forma de verte, presentarte y entenderte. Puede que incluso te haga cuestionarte cosas que antes considerabas intereses legítimos, como mi amor por el fútbol americano. Por un lado, yo sabía a nivel intelectual que me gustaba por naturaleza: mi padre había sido jugador profesional y, como ya he dicho, el fútbol americano es una parte importante de la cultura samoana. Pero por otro, también es verdad que, a lo largo de los años, mi amor y conocimiento de ese deporte me había proporcionado el reconocimiento de hombres que no podían creer que una mujer supiera tanto como yo. ¿Entonces… me gustaba de verdad el fútbol? ¿O formaba parte de una complicada red de misoginia interiorizada que yo había permitido que se enredara con mi seguridad, mi autoestima y mi sensación de triunfo? Necesitaba ser sincera conmigo misma, algo que creo que es fundamental para desentrañar la misoginia interiorizada. Después de mucha introspección y conversaciones con mi psicoterapeuta, ahora creo que mi amor por el fútbol americano es genuino. Sé que puede sonar un poco tonto: ¿de verdad necesitaba pasar tanto tiempo pensando en si me gustaba un deporte con el que me había criado? Pero lo pongo como ejemplo de lo lejos que puede llegar el patriarcado, cómo puede moldear sutilmente tu vida y socavar hasta los aspectos más intrínsecos y obvios de ti misma. Querer que siempre te elijan y no dejar de buscar esa aprobación es una enfermedad. Y si no haces algo rápido al respecto, puede ser terminal y matar cualquier posibilidad de tener una vida libre de los grilletes de la validación masculina.

Pero, aunque señalo esas conductas, también hago todo lo posible por entender a quienes las ponen en práctica. Porque sé lo difícil que es ir en contra de algo que está arraigado en literalmente todos los aspectos de nuestra sociedad, y también sé que el camino para desaprender esa conducta de búsqueda de validación puede comenzar en diferentes momentos de la vida. Y, lo que es más importante, cada persona debe iniciarlo según sus propios términos. Juzgar a una mujer que no ha llegado tan lejos en el reconocimiento de esa mentalidad no nos ayuda a entender por qué se cree mejor que otras solo porque se supone que le gustan el fútbol, la cerveza y las mamadas. Por eso, y en paralelo con mi *vendetta* pública contra esa búsqueda de aprobación masculina y mi deseo de que otras mujeres se responsabilicen por haber apoyado y perpetuado el sistema de opresión, también he aprendido la importancia de ser paciente y compasiva con mujeres y *femmes* que muestran estos comportamientos, empezando por mi yo más joven.

Cuando echo la vista atrás y veo mis años como *pick me girl* con todo el conocimiento y la experiencia que tengo ahora para combatir a hombres detestables, no puedo más que reírme. La Drew adolescente no tenía ni la más mínima idea de a qué se enfrentaba, pero aun así lo hacía lo mejor que podía con las herramientas que tenía en su arsenal adolescente. No la culpo por caer en esa búsqueda de validación masculina, es lo que más sentido tenía como método para lidiar con el mundo de la misoginia desde tan joven. De lo que no me daba cuenta, mientras me esforzaba y contorsionaba para agradar a los hombres, era de que esos hombres misóginos y detestables a quienes quería causar una buena impresión jamás me respetarían, daba igual lo que me gustara, cómo me vistiera o lo que hiciera. Porque ninguna de esas cosas tenía nada que ver con el respeto ni con la capacidad de verse a una misma como una persona real con intereses y opiniones propios. Podría frotarme hasta quitarme el último rastro de personalidad y plegarme hasta caber en la caja más pequeña que exista y seguiría habiendo un hombre detestable a quien le parecería insuficiente, porque cuando los hombres son misóginos, odian a todas las mujeres y punto. No solo a las que son «gritonas» o están «enfadadas». No solo a las «zorras». No solo a las «gordas». No solo a las «altas». A todas. Y si te identificas como mujer en cualquier sentido… eso te incluye a ti también. En todos los casos. Por más que deteste la idea de haber vivido para la validación masculina en algún punto de mi vida, hay una cosa por la que me siento agradecida: eso me abrió los ojos. Me dio el regalo de la perspectiva y la confirmación de que vivir dedicada al disfrute y el placer de los hombres no sirve de nada.

A la vez, al ampliar esa compasión y comprensión hacia la Drew adolescente a todas las mujeres y *femmes* jóvenes que se enfrentan a situaciones similares, debo recordarme que tengo que ampliar esos sentimientos a los varones de esa edad, que estaban pasando por un período similar caracterizado por una enorme presión por ajustarse a la norma. Al contrario de lo que los hombres detestables de internet creen o dicen de mí en línea, yo sí entiendo que el patriarcado afecta también a los hombres. La ironía de la situación es que ellos, siendo hombres, no se dan cuenta de que una estructura de opresión como el patriarcado fija estándares imposibles de alcanzar también para ellos. Lo que me ayudaría a mí los ayudaría a ellos también. Es necesario que todos, sin importar cómo nos identifiquemos, reconozcamos el daño violento y constante que la misoginia inflige a la sociedad. Es mucho más profundo, siniestro y posiblemente mucho más catastrófico de lo que parece.

Con esto me refiero a que se socializa a los niños para que sean más agresivos y para expresar menos sus emociones, o a que existen parámetros estrictos que dictan cómo deberían comportarse, vestirse o actuar para no parecer «femeninos». Todo eso genera un entorno opresivo en el que se castiga a cualquier persona que no cumpla con las normas del cisheteropatriarcado y en el que una de las peores cosas que se puede hacer es comportarse de formas que se consideran propias de las mujeres. Imagina eso, pero transmitido mediante la desinformación del patio del colegio o la crueldad infantil, y piensa en cómo se filtra poco a poco, afectando a todo lo que toca, hasta que se hace completamente evidente que, bajo el patriarcado, no solo sufren las mujeres, las *femmes*, las chicas trans o los chicos *queer* que quedan aplastados por las expectativas y las normas sociales rígidas, sino que los hombres también sufren.

El diablo trabaja duro, pero el patriarcado más.

* * *

Lo que me gustaría preguntar a todas las mujeres adultas que siguen actuando como *pick me girls* es lo siguiente: ¿qué habéis conseguido con ello? ¿Qué habéis ganado con la opresión de otras mujeres a cambio del reconocimiento de los hombres? La validación masculina es el recurso más inútil y fugaz que existe en el mundo. No se me ocurre ninguna circunstancia en la que ser una *pick me girl* en el instituto o la universidad me mantuviera realmente a salvo de la posibilidad de ser objeto de maltrato, humillación, ostracismo o cosificación por parte de los hombres. Lo único que hace es retrasar todo eso un día más. Porque, en definitiva, los hombres siempre cerrarán filas en torno a sí mismos y, en el caso más extremo del comportamiento de las *pick me girls*, lo único que puedes conseguir es aislarte de las amigas que podrían haberte apoyado, empoderado o consolado. Ser una *pick me girl* implica entrar en un ciclo en el que, como te alineas con el patriarcado, cuando te conviertes en una de sus víctimas —y pasa—, no tienes ningún sistema de apoyo. No tienes el consuelo y la seguridad de una comunidad. El sistema se aprovecha de las personas vulnerables, y si crees que entregar a las demás chicas a cambio de la atención masculina te hará inmune, eres muy ingenua. Y seguirle el juego al patriarcado no es una forma de salir de él. Como escribe la escritora y activista Audre Lorde: «Las herramientas del amo nunca desmontarán la casa del amo».

Entonces, ¿qué lo hará?

Repasemos lo que sabemos: es muy fácil caer en el comportamiento de las *pick me girls* y es casi imposible abandonarlo si no eres consciente de tu posición. No existe un plan sencillo de cinco pasos para erradicarlo, aunque me encantaría. Lo único que puedo prometerte es que el camino para desmontar esa mentalidad puede ser difícil, pero, si perseveras, también puede ser lo más liberador del mundo.

¿Por qué molestarte en emprender ese camino? Porque te prometo una cosa: una vez te liberes de la prisión en la que estás atrapada buscando constantemente la validación masculina, habrás desbloqueado la posibilidad de ser más feliz, segura y capaz de conectar a un nivel más profundo que nunca. Eso es lo que sucede cuando empiezas a vivir según tus deseos y no los de los hombres.

Es la oportunidad de silenciar a los hombres (aunque solo sea en tu cabeza), del mismo modo que lo han estado haciendo ellos con nosotras durante miles de años. Es la oportunidad de sentirte libre.

Lo que me ayudó a mí fue identificar algo que siempre hubiera sido una parte real e intrínseca de mi personalidad y crianza que no coincidiera con mis actitudes de *pick me girl* —y créeme que todas tenemos algo— y preguntarme si estaba dispuesta a ceder esa parte de mí para convertirme en una participante más activa del patriarcado.

A lo largo de mis años como *pick me girl*, ese algo había sido mi tendencia a ponerme siempre del lado de las chicas. Creo que la solidaridad, el amor y el apoyo entre mujeres tiene algo de mágico y contar con un grupo sólido de amigas a mi alrededor nunca ha sido negociable. Quizás sea por Deison, porque soy la hermana menor virgo y sabelotodo de una sagitario un poco tontorrona que va con el corazón en la mano y me he acostumbrado desde siempre a defenderla. O quizás por mi madre, que me trepanó la cabeza con la idea de que podía hacer cualquier cosa que me propusiera, con o sin un hombre, y que me ayudó a reforzar mi seguridad poniéndose a sí misma como ejemplo. Quizás se deba a que, por más aprobación masculina que deseara, siempre supe que las relaciones de calidad, románticas o platónicas, no se basan en dinámicas de poder desigual que me pongan en una posición en la que siempre deba probar mi valor. Además, la aprobación femenina, o de alguien a quien de verdad le gustas y te respeta, es un millón de veces mejor que cualquier aprobación falsa, endeble y fugaz que pueda ofrecerte un hombre. Sobre todo cuando la aprobación de los hombres suele estar ligada a una expectativa de intimidad física.

Hay algunas *pick me girls* cuya versión de «no ser como las demás chicas» consiste en denigrarlas, actuar de una forma en privado y hablar de ellas de otra cuando hay hombres presentes, o tomar información recibida en confidencia y compartirla con otros para burlarse o cotillear. En mi opinión, la falta de sinceridad es una cualidad particularmente horrible, pero esa clase de hipocresía no es para nada aceptable. Cuando digo que mi misión es elevar a TODAS las *femmes*, lo digo en serio, y eso significa crear espacios donde entender que todas, en mayor o menor medida, somos víctimas del patriarcado y, en consecuencia, todas desarrollamos diferentes mecanismos de afrontamiento. Sin embargo, las mujeres adultas que compran el patriarcado de una forma activamente misógina y dañina tienen mi empatía, pero no mi respeto. Os veo y entiendo que estáis siguiendo vuestro propio camino, pero a mi edad o más creo que ya se ha tomado una decisión. Ya habéis decidido a quién vais a apoyar, aunque eso dañe a las mujeres que os rodean, y jamás lo entenderé.

Durante toda mi vida, las relaciones más cercanas, afectuosas y que más apoyo me han brindado han sido con mujeres y *femmes*, que son algunas de las personas más inteligentes, buenas, generosas y fuertes que he conocido. Entonces, ¿cómo podía creer que los hombres eran mejores que ellas cuando sabía que eso era sencillamente mentira? Ese simple hecho hizo que cada vez fuera más difícil ignorar la creciente discrepancia entre lo que sabía sobre mis amigas y cómo el patriarcado esperaba que yo tratara mis relaciones con ellas, mientras esperaba que yo aceptase el trato que nos brindaban los hombres.

Una vez leí sobre un estudio que decía que el número de muertes por suicidio es más elevado en hombres que en mujeres. Sin embargo, el estudio solo había tenido en cuenta los intentos que realmente terminaron en muerte. De hecho, lo que hay es más hombres que completan el intento de suicidio y más mujeres que lo intentan, pero no lo completan (todo esto solo es aplicable dentro del binarismo de género). El motivo por el que hay más mujeres que no completan sus suicidios es que sus intentos son con métodos mucho menos violentos. Según el estudio, esto pasa porque a las mujeres les preocupa el hecho de que van a ser sus familiares o seres queridos quienes las encuentren y la escena pueda traumatizarlos. Así que lo intentan con métodos menos violentos y, en consecuencia, menos eficaces, y por eso sobreviven más. ¿Ves toda la carga emocional que las mujeres soportan cada día cuando, ni siquiera en su momento de máxima desesperación, pueden tolerar la posibilidad de alterar las vidas de los demás? Eso me rompe el corazón. Me enfada. Refuerza mis convicciones. Las mujeres y las *femmes* son necesarias y fuertes, y sus emociones son válidas.

Y todo esto no quiere decir que no haya tenido ni tenga buenos amigos varones. Pero una vez que mi conciencia sobre las expectativas de género comenzó a crecer en el instituto, empecé a ver con qué facilidad aceptaba la gente los comportamientos que «correspondían» a uno u otro género, solo porque era lo más seguro. Cada vez que un amigo varón me trataba de una manera a solas y luego cambiaba por completo en presencia de otros varones lo sentía como una traición. O cuando insistía en que no quería nada de mí más que mi amistad, pero en cuanto admitía tener sentimientos románticos por mí la situación se torcía si yo no los correspondía. O la forma en la que los hombres mediocres sienten que tienen derecho a poseer a una mujer en cuanto deciden que están hartos de fingir una relación platónica, da igual su edad o situación. Y a pesar de que en ese momento mi cerebro estaba en las garras de la fase de *pick me girl*, yo sabía que nada de eso estaba bien. Que yo me merecía algo mejor. Y que si así era como los hombres entendían la amistad con las mujeres… ¿quién necesita amigos varones? Creo que, a un nivel elemental, yo sabía que la amistad verdadera y el respeto mutuo no implicaban tener que plegarme para caber en cajas cada vez más y más pequeñas para que me aprobaran unos tíos a quienes la aprobación masculina les importaba tanto o más que a las más acérrimas *pick me girls*.

Odiaba sobre todo ver a mis amigas pasar por lo mismo, y esa disonancia cognitiva de ver a chicas que yo sabía que eran graciosas, inteligentes y fantásticas sentirse reducidas como parte del proceso para gustar a los chicos siempre me daba ganas de protegerlas y me hacía sentir indignación por ellas. Y ya me conoces: soy una cabrona que no se calla, sobre todo frente a la misoginia. Así que con el paso del tiempo, siempre que veía a algún perdedor herir a mi hermana o a una de nuestras amigas, yo era la primera en decirle que era él quien no valía una mierda y también quien se lo decía más fuerte. Así es como cultivé mi reputación de ser la amiga a la que puedes acudir cuando necesitas que te levanten el ánimo o que insulten a ese tío asqueroso que no te deja en paz, y aún hoy llevo ese título con orgullo.

Al respecto de cómo me di cuenta de lo poco compatible que era ser una *pick me girl* con mi deseo de respetarme, debo decir con sinceridad que todo se redujo al enfado. En mis interacciones con hombres, empecé a darme cuenta de que necesitaba ser una cabrona si quería que ellos me tomaran en serio cuando les pedía que me dejaran en paz, porque si era «amable» o intentaba «rechazarlos suavemente», los hombres lo interpretaban como un desafío en lugar de como el «no» rotundo que era en realidad. Era imposible mantener ese nivel de desdén sin empezar a cuestionarme qué era lo que creía que lograría si seguía intentando ganarme su aprobación. Me di cuenta de que era una gran hipócrita por la diferencia que había entre lo que decía y lo que estaba haciendo: si creía que la mayoría de los hombres eran en realidad personas horribles y andaba por ahí pregonando eso a mis amigas, ¿por qué pasaba tanto tiempo consintiéndolos? ¿Cómo podía esperar que las mujeres que me rodeaban, a quienes tanto admiraba y quería, abandonaran a esos perdedores y se vieran como las tías fuertes que yo veía si yo misma no me exigía lo mismo?

Esa fue una gran revelación para mí, y supuso mi primer gran paso para abandonar mi comportamiento de *pick me girl*. No fue un cambio mental instantáneo, sino algo que pasó después de ver muchas circunstancias en las que un hombre se aprovechaba de la bondad y la vulnerabilidad de las mujeres en todo tipo de situaciones, no solo interpersonales. Había un sinfín de ejemplos: maestros que no se tomaban en serio a las alumnas, empleadores que trataban a las empleadas de manera diferente, familiares hombres que tenían diferentes expectativas para los primos y las primas. Me di cuenta de que necesitaba hacer algo más que servir de apoyo a mis amigas después de recibir ataques misóginos. Necesitaba que los hombres, los autores de ese daño, entendieran que ese comportamiento no estaba bien y que su forma de tratar a las mujeres tendría consecuencias. Necesitaba que supieran que, aunque se negaran a escuchar, no solo sus conductas eran inaceptables, sino que yo jamás les volvería a dejar pasar una.

Este deseo de proteger y elevar a las mujeres que forman parte de mi vida fue directamente responsable de que yo encontrara mi voz de joven y me embarcara en el difícil camino de desaprender mi mentalidad de *pick me girl*. Ahora, como *pick me girl* rehabilitada, me siento inmensamente agradecida de tener este amor fundamental de las mujeres y este impulso de apoyarlas, algo que a su vez crearon las mujeres asombrosas que me querían y me apoyaban. Y cuando empecé a hablar en contra del mal comportamiento de los hombres, descubrí que, en realidad, no me ha sucedido ninguna de esas cosas con las que nos amenaza el patriarcado para que no nos animemos a desafiarlo.

Identificar y desmontar mis conductas de *pick me girl* me ha cambiado para mejor. Mi vida es más rica ahora, soy más valiente y más segura. Me ha ayudado a ampliar mi capacidad de ofrecer y recibir amor, porque ya no siento que estoy compitiendo con otras mujeres por un recurso que ni siquiera quiero, como la aprobación masculina. El apoyo de las mujeres es un don. Es un recurso que te ayudará a hallar no solo una comunidad, sino también empoderamiento. Es un lugar al que puedes recurrir para recargarte y recordarte que te quieren, que eres importante y válida en este mundo. Así ha sido siempre para mí, y así es como quiero que sea siempre para vosotras.

No puedo decirte cuál es o debería ser esa creencia tuya que te ancle, pero confía en mí si te digo que la tienes y que no tiene nada que ver con gustar a un hombre. Y cuando la encuentres, te transformará. Jamás podrán arrebatarme mi amor y solidaridad por otras mujeres y *femmes*. Son ellas quienes siempre me están dando el coraje necesario para enfrentarme a este mundo aterrador, intimidante, bello y asombroso. Cuando sueltas la idea de la validación masculina, no solo le arrebatas su poder, sino que tienes la posibilidad de redirigirlo hacia ti y otras personas. Permítete quererte de forma incondicional, porque no hay nada más radical para la mirada del patriarcado que eso... y todas sabemos lo mucho que me encanta cabrear a los hombres horribles.

4. Ejercicio de confianza

Creo firmemente que no debemos arrepentirnos de nada. No solo porque opino que el arrepentimiento puede atraparte y hacer que te quedes dando vueltas poco productivas, sino también porque intento, desde un principio, no hacer cosas ni tomar decisiones de las que pueda arrepentirme. Esto implica hacer todo lo posible para permitir que el amor, la solidaridad y el apoyo me guíen mientras navego por esta vida.

Creo que el motivo por el que creo tan firmemente en eso es que uno de mis mayores arrepentimientos, y el único, es cómo respondí cuando una de las personas más importantes de mi vida acudió a mí en busca de amor y apoyo, y yo la defraudé a lo grande.

Estoy hablando de Deison.

Quienes nos conocen a mi hermana y a mí saben que somos un *pack*. Estoy segura de que mi madre, mi padre, el universo y cualquier otra persona que mirara a Deison en el momento de su nacimiento debió de pensar: «Esta niña debería ser hermana mayor». Y, por suerte para todos, se convirtió en una dos años después, cuando nací yo.

Y ha sido la mejor hermana mayor que haya existido. Sé que muchas personas nos miran y quizás les intrigue conocer nuestra dinámica. Yo soy la hermana gritona, molesta y protectora y ella es la hermana tímida, sensible y dulce. Y, hasta cierto punto, eso es verdad, pero lo cierto es que Deison me ha enseñado muchísimo sobre cómo ser fiel a una misma. Ella me inspira a querer ser mejor persona porque es una de las mejores personas que he conocido.

Como ya he dicho, Deison solo estaba un curso por encima de mí en el colegio, a pesar de que era dos años mayor. Así que fuimos casi siamesas desde que nací y a lo largo de la guardería, el colegio y el instituto. Siempre tuvimos intereses similares en todo, desde *fandoms* hasta actividades, y, aunque cada una tenía sus propias amistades, compartimos un círculo muy unido hasta la universidad, cuando ella se fue a la Universidad de Oregón y yo, a la de Hawái en Mānoa.

Nunca antes habíamos estado tanto tiempo separadas, ni por tanta distancia, como durante su primer semestre en la universidad, en otoño de 2012. Por más que habláramos prácticamente a diario (esto fue antes de que existiera FaceTime, así que usábamos constantemente Skype y ooVoo… ¿Recuerdas esos programas?) y que ella siempre viniera a casa en vacaciones y festivos, era muy diferente a cuando pasábamos todo el tiempo juntas.

Aunque no lo parezca, yo siempre he sido la típica hermana menor en muchos sentidos. De pequeñas, si Deison hacía algo, yo también quería hacerlo. Cualquier cosa que le gustara a ella, a mí también. Y como teníamos edades muy similares, atravesamos muchos hitos una detrás de la otra, como los primeros enamoramientos, el primer período, las primeras citas raras en los bailes del instituto, todo lo que se te ocurra. Deison y yo no teníamos secretos… o al menos eso creía yo.

En los meses previos a la primavera de 2013, yo estaba impaciente y entusiasmada, no solo por mi propia graduación del instituto, sino por el regreso de Deison como una presencia constante en mi vida.

Cuando volvió a casa en mayo, sentí que recuperábamos nuestra dinámica de siempre y me sentí muy aliviada. Según creía yo, eso significaba que nuestra relación era fuerte y que soportaría cualquier cambio. No tenía que preocuparme por irme a Hawái en otoño, porque sabía que Deison y yo volveríamos a ser hermanas como siempre en cuanto nos reencontráramos. Estaba muy feliz. Al fin y al cabo, era verano y mi persona favorita estaba de nuevo en casa.

Un día, Deison me pidió que fuéramos a la playa. La playa estaba a un par de horas de donde vivíamos, y aunque a mí me encanta, sabía que a ella no, así que pensé que algo raro estaba pasando. Ella condujo el coche hasta allí con los tres (nosotras y mi hermano de nueve años). Mientras Donovan jugaba en la playa y nosotras estábamos tumbadas sobre un par de toallas, finalmente me dijo que tenía algo que contarme. Tenía la corazonada de que lo que me quería decir tenía que ver con su vida amorosa, porque el tema de las citas había sido recurrente durante nuestras conversaciones de ese año, pero lo que me dijo me pilló desprevenida por completo.

Me contó que había estado saliendo con una chica a la que había conocido jugando al rugby. Hacía ocho meses que estaban saliendo. Deison era lesbiana.

Aunque yo había sospechado que quería contarme algo sobre su vida amorosa, aquello no era en absoluto lo que yo esperaba. Al fin y al cabo, era mi hermana, a quien conocía de toda la vida. A quien creía conocer mejor que a cualquier otra persona e incluso, a mis diecisiete años, a veces creía conocerla mejor que a mí misma. Como su autoproclamada e incondicional protectora, veía sus mejores cualidades, incluso cuando ella no se las creía, y si me hubieras preguntado en ese momento, o ahora, te habría dicho con toda seguridad que la relación que teníamos era de una confianza y una comprensión absolutas.

Y, aun así, cuando ella decidió hacerme esta revelación sobre sí misma, la defraudé por completo.

Mi primera respuesta fue de estupefacción. Aunque ella estaba intentando contener las lágrimas por lo tensa que era la situación, yo solo me puse de pie y la dejé con las toallas para poder dar una larga caminata por la playa. Y me avergüenza decir que todo el tiempo que estuve caminando, en lo que pensaba era… en mí misma. En lo dolida que estaba, en lo traicionada que me sentía. En vez de escuchar lo que ella estaba intentando decirme sobre quién era, lo único en lo que yo podía pensar era en cómo eso sacudía la versión de Deison que existía en mi cabeza. De más pequeñas, Deison siempre se había enamorado de chicos, aunque sus gustos eran notablemente malos (visto en perspectiva, eso quizás fuera una señal...), así que descubrir que era lesbiana y, además, que yo ni lo había sospechado, ponía de manifiesto todos los cambios por los que había pasado en la universidad sin mí. Era mi hermana, a quien nunca le había escondido un secreto. ¿Y ahora ella me había escondido toda una maldita relación? Visto en perspectiva, ahora entiendo que, seguramente, ella se guardó sus sentimientos porque quería procesarlos por su cuenta antes de compartirlos con otras personas. Y por más íntimas que fuéramos, lo máximo que pueden llegar a serlo dos personas, yo no tenía derecho a conocer sus sentimientos o experiencias. Solo el privilegio de poder compartirlos con ella. Desearía haberlo entendido entonces.

Una vez superada la sorpresa, me sentí herida, porque yo llevaba todo el año preguntándole, mientras ella estaba en la universidad, si le gustaba alguien, si salía con alguien, cómo era el mundo de las citas universitarias, etc., y ella nunca me había dicho nada. Así que cuando me enteré de que no solo no había salido del armario conmigo, sino que además llevaba ocho meses saliendo con alguien, y encima ya se lo había contado a nuestra madre, me sentí traicionada. Una década después, solo escribir esta frase me da grima. Pensar que, todo ese tiempo, mientras mi hermana estaba siendo extremadamente valiente al compartir eso conmigo, yo situé mis sentimientos en el centro... me da vergüenza. Lo único que hice fue pensar en mí mientras ella esperaba a que yo regresara. La defraudé, y aún hoy me sigo odiando por eso. Cuando echo la vista atrás, y sin intención de excusar mi comportamiento en absoluto, creo que si reaccioné así fue porque sentí que no solo me había mentido sobre sus sentimientos y su vida, sino que, además, estaba teniendo todas esas experiencias sin mí.

Pero entonces me resultó imposible expresar todas esas emociones en pugna. Y aunque me habría considerado una persona de mente muy abierta y tolerante, mi respuesta a la salida del armario de Deison muestra lo ignorante que era en realidad. En vez de hablar con ella, me desconecté por completo.

Cuando por fin regresé de mi caminata, lo único que le dije fue que quería volver a casa. Ella intentó disculparse e incluso dijo: «No quería arruinar el día». A pesar de que era evidente que Deison había estado llorando, en vez de consolarla, solo le respondí: «Quiero ir a casa. Ya no quiero estar aquí».

Regresamos a casa en un silencio absoluto, con Donovan dormido en el asiento trasero, sin que Deison ni yo pronunciáramos una sola palabra. Recuerdo que Deison estaba llorando y que, entremezclado con mis sentimientos egoístas de dolor y confusión, también había algo de enfado. Una parte pequeña se debía a que sentía que me había mentido y a que no entendía por qué había elegido ese momento para contármelo, pero más que nada era porque veía que Deison estaba sufriendo y que era yo quien le estaba infligiendo el dolor, pero aun así no podía dejar de lado mis pensamientos y estar presente para ella. Desde luego, ahora sé que no existe un momento perfecto para salir del armario con alguien. Es más, la persona que sale del armario no debería tener que encargarse de crear un entorno seguro. Por eso, el hecho de haberme quedado ahí sentada y hundida en mis propias emociones, en lugar de afirmar algo que, claramente, había demandado un coraje y una fe enormes por parte de Deison para contármelo, es una decisión de la que me arrepentiré hasta el día de mi muerte.

Si pudiera viajar al pasado y reparar una sola cosa, sería ese día y ese viaje en coche. Llenaría ese silencio de amor, consuelo y apoyo. Le diría a Deison lo válida e importante que es, y le aseguraría que da igual a quién ame, eso nunca afectará a lo mucho que la quiero. Se me parte el corazón al pensar en lo ausente que estuve en el momento en el que ella más me necesitaba.

Reconozco que la mía fue una respuesta increíblemente egoísta y dañina al acto de valentía y confianza verdaderas de mi hermana. Aún se me hace difícil identificar todas las emociones que competían dentro de mí entonces, no porque quiera hacer que la salida del armario de mi hermana gire en torno a mí, sino porque quiero identificar cómo la defraudé para no volver a repetirlo jamás. Sé que tengo mucha vergüenza asociada a ese recuerdo. Porque Deison no es solo mi hermana, es también mi mejor amiga y mi mundo entero. Toda la vida, lo único que he querido es que ella sea feliz y se sienta realizada, y justo en el momento en el que habría sido más importante que yo expresara eso, no pude hacerlo.

Cuando llegamos a casa, Deison aparcó el coche y dejó que Donovan se nos adelantara y entrara en casa antes de romper el silencio. Me preguntó si tenía alguna pregunta y, aunque no suelo callar la boca y siempre tengo millones de preguntas sobre todo, en ese momento solo respondí: «No». Ella me preguntó si seguía sorprendida, si quería hablar o si necesitaba espacio. Y solo respondí: «No lo sé. Solo no quiero hablar».

Después de ese viaje en coche, no hablamos durante un par de días, algo que probablemente solo haya ocurrido en esa ocasión y que, si de mí depende, no volverá a pasar durante el resto de nuestras vidas. Sin duda, mis padres eran conscientes de la tensión, pero, al final, se trataba de un conflicto entre Deison y yo. No se podía forzar una reconciliación, y era yo quien debía iniciarla.

La siguiente vez que hablamos fue de camino a un evento familiar. Nuestros padres se organizaron de forma que ellos iban con Donovan, y a Deison y a mí nos tocó ir juntas en el coche. Y, de nuevo, ella me preguntó si había algo que quisiera preguntarle y yo le respondí que no. Después me preguntó si quería que regresara antes a Oregón. Eso me rompió por dentro. De verdad, me hizo sentir como la peor persona del mundo… porque eso era lo que era. Por más que ella estuviera dolida, Deison quería darme espacio y priorizar mi comodidad a expensas de la suya propia. Quería darme la oportunidad de sentir lo que fuera que estuviera sintiendo y que hiciera preguntas sin sentirme juzgada. Y me conmueve pensar en la empatía que tuvo con mis sesgos interiorizados que yo todavía no había desentrañado. ¿Por qué tenía ella que hacer todo ese trabajo por las dos? ¿Qué era lo que evitaba que yo le ofreciera mi apoyo en el momento en el que ella más lo necesitaba?

Pero incluso después de esa conversación, yo seguía sin ser capaz de ser la persona que Deison necesitaba. Volvimos a hablar, pero las conversaciones eran pocas y poco frecuentes, y tan forzadas y superficiales que resultaban horribles. Existíamos en la órbita de la otra, pero a duras penas. Ella se mantenía reservada para darme espacio y que yo me acercara a ella cuando estuviera lista. Esa conexión de hermanas tan fuerte y casi sobrenatural que había existido entre nosotras toda la vida se interrumpió, y lo peor era que yo había sido la persona que lo había causado.

No sé si hubo un momento preciso que me hizo volver de golpe a la realidad o si solo la echaba tanto de menos que ya no soporté la tensión, pero hubo un punto en mitad del verano en el que me di cuenta de lo desquiciado que era que yo no la viera ni hablara con ella cuando vivíamos literalmente bajo el mismo techo. La echaba de menos. La quería. ¿Qué estaba haciendo?

Cuando me di cuenta de eso, me obligué a mirarme de frente y reconocer la manera en la que me había estado comportando. Tuve que preguntarme de verdad qué era lo que me molestaba tanto. ¿Que fuera lesbiana? ¿Que no me hubiera hablado de su relación? ¿Dónde estaba el problema? ¿Qué más daba si de verdad yo la quería como creía quererla? ¿Sus decisiones me hacían daño o me afectaban de alguna manera, o ni siquiera tenían nada que ver conmigo?

Y la respuesta por fin se me presentó: claro que no. Deison había demostrado una enorme valentía y confianza al salir del armario conmigo y, teniendo en cuenta la dinámica que teníamos de más pequeñas, en la que ella era a menudo más precavida y yo, más temeraria, la situación actual era como una inversión de papeles: ahora ella era la valiente y yo la que tenía que afrontar de frente la situación. Desde luego, eso también me enseñó que ser fuerte y valiente no solo significa tener la respuesta más rápida o las palabras más punzantes, que es como yo siempre había operado, sino que también era ser firme y fiel a una misma, que es lo que Deison siempre había hecho.

Finalmente, me di cuenta de que lo que Deison necesitaba más era saber que contaba con mi amor y apoyo incondicionales y que a partir de ese momento yo estaría de su lado, como siempre.

Pero incluso después de tener esa revelación, me resultó difícil expresar todo eso a Deison. Al principio, intenté tratarla con normalidad sin disculparme ni reconocer lo que había pasado las últimas semanas. Lógicamente, ella se resistía, porque debió de ser muy confuso verme pasar de un extremo al otro. Después de un par de días, supe que tenía que demostrar aunque fuera el uno por ciento del valor que ella había demostrado, y disculparme de una vez por todas.

La siguiente vez que estuvimos solas en casa, me acerqué a ella y le pedí hablar. Compartí mis sentimientos de dolor, miedo y enfado y por fin le hice la pregunta que debería haberle hecho desde el principio: «¿Eres feliz?». Cuando ella me respondió: «Sí, estoy enamorada», la verdad es que me sentí aún peor. Porque ¿qué mierdas había estado haciendo yo todo ese tiempo? Mi hermana había intentado compartir su felicidad y su nuevo amor conmigo y yo había respondido aplicándole la ley del silencio durante semanas.

Deison me dijo que, durante ese tiempo que no hablamos, temió que mi reacción significara que ya no la quería o que me daba asco. Escribo eso y me dan ganas de llorar, porque me resulta increíble pensar que, no solo fui la responsable de que alguien se sintiera así, sino que fui la responsable de que Deison, la persona más importante de mi vida, se sintiera así.

Una de las cosas más bellas que tiene Deison es que es una persona increíblemente afectuosa y paciente. Mientras yo me enfado enseguida y tiendo a la desconfianza, Deison parece tener una capacidad infinita para dar espacio a los demás. Incluso en esa situación, donde yo era la responsable de haber causado tanto dolor, ella dejó que yo me acercara cuando estuviera lista y nunca dejó de quererme. Incluso cuando estábamos teniendo esa conversación en la que yo por fin reconocía el daño que le había causado, ella me dijo: «Si te incomoda, puedo no volver a hablar nunca más del tema». Y eso demuestra lo enorme que es su corazón, porque, incluso en ese momento, seguía pensando en mi comodidad.

Me preguntó si seguía queriéndola y, aunque odio haberla hecho dudar, estoy agradecida de haber tenido la oportunidad de decirle sin rodeos que la quería. Claro que la quería.

Al poco tiempo, me di cuenta de que en realidad no me había disculpado por mi respuesta inicial. Así que me senté con ella y por fin me pude disculpar y decirle lo mucho que me arrepentía de cómo me había comportado. Necesitaba que supiera que mi amor por ella era infinito e incondicional, y que lo único que me importaba, lo único que siempre me había importado, era que ella fuera feliz, que estuviera segura y que se sintiera querida.

No es que todo haya sido pura paz y armonía a partir de ese momento, porque una no puede esperar que una relación se recupere de inmediato después de un daño tan grande, pero mis disculpas y el reconocimiento del daño que había causado fueron el primer paso en el proceso de sanar esa pequeña herida, pero evitable e insidiosa, que yo había infligido a la relación. Aún hoy agradezco que Deison decidiera perdonarme. Es algo que jamás daré por sentado.

* * *

Ese error de juicio por mi parte, aunque fuera momentáneo, es lo que me hizo tomar mucha conciencia de la importancia de ser firme con tus creencias y las ideas que defiendes. Y de que ser una verdadera aliada interseccional significa ser proactiva y estar dispuesta a aprender y desaprender, da igual el tiempo que debas dedicarle. De lo contrario, puedes terminar hiriendo a las personas a las que intentas proteger. Hasta ese momento, yo habría asegurado que era muy progresista y que tenía la mente muy abierta, pero está claro que mis convicciones nunca se habían puesto a prueba. Cuando se me presentó la oportunidad de dar un paso al frente y estar presente para otra persona, respondí con miedo y dudas que nacían puramente de mi homofobia interiorizada.

Incluso después de disculparme con Deison, supe que demostrar mi aceptación implicaba mucho más que palabras. Aún recuerdo que después de mi disculpa, cuando estábamos empezando a volver a nuestras interacciones de siempre, Deison seguía mostrándose muy reservada al respecto de su pareja. Me di cuenta de que le preocupaba que yo me incomodara, y que me correspondía a mí ser proactiva y hacer preguntas sobre su novia del mismo modo que lo había hecho cuando a ella le había gustado algún chico o como habría hecho con el novio de alguna de mis amigas. Comprendí que hacerle preguntas banales como «¿qué estudia?», «¿de qué quiere trabajar?», «¿cómo es su familia?» significaba mucho para Deison. Ya era hora de que yo desmontara mis sesgos interiorizados, muchos de los cuales ni siquiera me había dado cuenta de que existían.

No fue hasta más tarde que reconocí que otra de las cuestiones que afectó a mi respuesta a su salida del armario fue un miedo muy real por la seguridad de Deison. El mundo es un sitio cruel e intolerante, y a pesar de que creía saber que nuestra familia inmediata, nuestras amistades y compañeros la aceptarían, la amenaza de la violencia homófoba era y sigue siendo muy real. Mi temor por su bienestar y felicidad, combinado con la amenaza sobre su existencia por el simple hecho de amar a quien ella quisiera, me horrorizaban de una forma que fui incapaz de articular en ese momento. Tenía miedo y no estaba emocionalmente preparada para compartirlo de manera que Deison siguiera siendo la prioridad.

Pero me arrepiento de haber dejado que la ansiedad sobre cómo sería la respuesta de los demás moldeara la mía. Temía que vivir en el mundo como mujer *queer* fuera del armario alienara a mi hermana. Y como resultado de un retorcido impulso de protección, recuerdo que, en aquella primera conversación en la playa, lo único que fui capaz de preguntarle fue «¿Qué quieres decir?» y «¿Estás segura?». Y vaya si esas son preguntas ignorantes e invalidantes para alguien que acaba de salir del armario. Por más que procedieran de un deseo bienintencionado de que mi hermana no tuviera que vivir el dolor y las dificultades que probablemente la esperaban en su futuro, lo que yo estaba haciendo era cuestionar su identidad y experiencia justo en el momento en el que ella por fin había tenido el valor necesario para ser sincera conmigo.

Fue allí cuando aprendí de verdad la diferencia entre intención e impacto. Es decir, aunque no hay duda de que las intenciones son importantes, lo que más importa es el impacto que tienen tus acciones en los demás. En toda interacción hay dos personas, así que importa lo que ambas sientan, no solo una. Pero esta idea en apariencia sencilla es una de las cosas más difíciles de entender, y he visto a muchísimas personas, desde amigos y seres queridos hasta hombres detestables, ponerse a la defensiva al ser confrontados con sus propias palabras. «¡Pero mi intención no era hacerte daño!». Fantástico, pero lo has hecho, así que ¿ahora qué?

Años después de esa conversación, cuando Deison hacía tiempo que se sentía cómoda con su identidad en familia, algunos de los temores que yo había tenido al principio se hicieron realidad. En 2016, cuando empezó a ser evidente que había una posibilidad de que Trump ganara las siguientes elecciones presidenciales, hubo un cambio violento en la expresión de las ideologías intolerantes en redes sociales. Me sorprendieron y repugnaron las opiniones que algunas personas a las que seguía compartían en mis redes, personas a las que creía conocer.

Mi familia entera y yo tuvimos que hacer algunos cambios bastante drásticos con respecto a las personas con quienes nos relacionábamos. Como Deison era una persona homosexual y orgullosa de serlo, y el resto de la familia, incluida yo, éramos aliados reales, tuvimos que trazar un límite con las personas intolerantes. Mi hermana lideró la carga. Deison trazó su límite y cortó su relación con toda persona que no la aceptara, daba igual que fueran familiares de sangre, amigos o lo que fuera. Y yo estuve a su lado. Porque Deison es mi persona. Da igual a quién me tenga que enfrentar, aunque sean familiares prejuiciosos. La elegiré siempre a ella.

Ese momento de vacilación cuando Deison salió del armario es la razón por la que siempre diré en voz alta mis opiniones hasta el día que me muera y el motivo por el que siempre señalaré cualquier mierda misógina, homófoba o lo que sea en cuanto la vea, tanto en persona como en línea. Jamás me arriesgaré a que una persona haga sentir a otra como seguramente hice sentir yo a Deison, mucho menos si es alguien a quien conozco y quiero. Aunque signifique perder admiradores, amigos, oportunidades profesionales o incluso familia por ser demasiado sincera al respecto de mis creencias, que así sea y hasta nunca.

*　*　*

En los años siguientes, me empoderó ver cómo la sexualidad de mi hermana cambió su opinión sobre sí misma y su forma de relacionarse con personas de cualquier identidad de género, y cómo eso le permitió crearse unas gafas nuevas para observar. También me hizo darme cuenta de que muchas de las estructuras que aceptamos como «norma» o *statu quo* son en realidad herramientas del patriarcado, como la heterosexualidad obligatoria, que da por hecho que todas las personas son automáticamente heterosexuales hasta que se demuestre lo contrario. El heteropatriarcado implica instalar una dinámica en la que, por supuesto, las chicas son las que se enamoran y los chicos el objeto de ese enamoramiento. Y, por supuesto, damos por hecho que a todas las chicas les gustan los chicos, porque, en el patriarcado, cualquier relación que no tenga a un hombre en el centro, o que no involucre a un hombre de algún modo, es completamente inimaginable y no válida.

Aprender más sobre cuestiones *queer* y la comunidad LGBTI-QA+ también me obligó a enfrentarme a mis propias creencias tóxicas y darme cuenta de que, por más que fuera una incipiente odiahombres, aún había muchas cosas que no sabía. Como la diferencia entre la mirada femenina y la mirada masculina.

Si estos conceptos te resultan desconocidos, no te preocupes, porque también lo eran para mí. Y, aun así, aprender sobre ellos me ayudó mucho a entender la sutileza con la que afecta el género a nuestro mundo y nuestra perspectiva. Los términos proceden de la teoría del cine: la mirada masculina, o *male gaze*, implica que no solo damos por hecho que la persona detrás de la cámara es masculina, sino que el público también lo es, así que todo se encuadra para que resulte atractivo a los hombres. Lamentablemente, eso significa ver a las mujeres como objetos sexuales, como personas que deben ser conquistadas o como clichés, y es así como obtenemos representaciones planas o explícitamente sexuales de las mujeres en los medios y la cultura.

Ahora, si pensamos que todo lo que vemos a nuestro alrededor y todo lo que consumimos está filtrado por esta mirada, no debería sorprendernos que las mujeres también empiecen a interiorizar la mirada masculina. Es algo de lo que yo misma he sido culpable, sin duda, sobre todo cuando era más joven. Cuando aún estaba desmontando mi misoginia interiorizada, me di cuenta de que algunas de las prendas que usaba estaban diseñadas casi exclusivamente para atraer la mirada masculina (¡puaj!). Por más que me gustara usar a veces algunas de ellas, también entendía que uno de los principales motivos para hacerlo era que los hombres pensaran que yo era «sexi». Y como, lamentablemente, me siguen atrayendo los hombres, la lógica dictaba que debería vestir algo que los atrajera. En las relaciones entre hombres y mujeres, el patriarcado dicta que el deseo siempre debería fluir en una dirección, y que la mujer siempre debería intentar atraer la atención del hombre. Nuestra cultura en sí se enreda con la dinámica del «escógeme» porque, en definitiva, todo está orientado a los hombres y lo que ellos quieren.

Esto puede incluso afectar a cómo ven las mujeres heterosexuales a otras mujeres: piensa en los juicios rápidos basados en cómo se presenta una mujer y lo mucho que tienen que ver con la que imaginamos que sería la percepción de un hombre. Por ejemplo, cuando una mujer dice que otra parece medio zorra o, por el contrario, que va «descuidada», siempre me pregunto con qué perspectiva se hace ese juicio. No importa lo que las mujeres y las *femmes* hagan, nunca será suficiente para el patriarcado.

Por otro lado, la mirada femenina, o *female gaze*, implica que las mujeres posean la autonomía para crear imágenes propias para un público femenino. Por eso, descubrir este concepto fue toda una revelación para mí. Porque resulta que, si empiezas a ver el mundo a través de la mirada femenina, el valor de las mujeres deja de estar basado en la apariencia o el atractivo sexual, y entran en juego los pensamientos y las emociones. La motivación, las ambiciones y pasiones. Entonces son vistas y representadas como lo que de verdad son, que es un retrato mucho más complejo que su apariencia.

La mirada femenina permite la existencia de la idea aparentemente revolucionaria de que las mujeres no existen solo para impulsar la narrativa ni desarrollar la personalidad de un hombre, y que las mujeres no son solo madres, novias o madres-novias, sino individuos con personalidades definidas y deseos concretos. Eso es lo que sentó las bases de mi abordaje de la neutralidad corporal, según el cual, considero que mi cuerpo es un contenedor útil donde se alojan las partes más interesantes de mí, es decir, mis pensamientos y creencias, y nada más.

*   *   *

Ser testigo de cómo Deison desaprendía la mirada masculina, que no solo la afectaba a ella, sino también a las mujeres por quienes se sentía atraída, puso a prueba creencias mías que yo consideraba inamovibles. A medida que veía a Deison cada vez más segura de sí misma, tras liberarse de las expectativas heteropatriarcales que habían sido vertidas sobre ella y que dictaban cómo debería vivir, y que exploraba relaciones mil veces más complejas que las que había tenido con cualquiera de los chicos que le habían gustado en el instituto, me di cuenta de que desterrar a los hombres del centro y, en especial, a ese espectador masculino invisible, tenía un poder asombroso.

A medida que mi comunidad fue creciendo, empezó a incluir cada vez a más miembros del colectivo LGBTIQA+, y aprender de ellos y de su forma de entender el deseo fue fundamental para ayudarme a desentrañar cómo lo entendía yo. Ser abierta con todas las formas diferentes que puede adoptar el amor ha enriquecido mi vida y ha hecho que mis relaciones sean más significativas. Por eso tengo tolerancia cero con la homofobia y la transfobia, además de la misoginia, y por eso lucharé tanto por la comunidad LGBTIQA+ como por las mujeres y las *femmes* (que, desde luego, no son grupos mutuamente excluyentes).

De hecho, ver cómo las personas crean entornos y relaciones llenos de amor, a pesar de ser despreciadas y atacadas por ello, me ayudó a entender cuánto más feliz se puede ser cuando no nos ceñimos a las expectativas patriarcales. Y como muchos miembros de la comunidad LGBTIQA+ a menudo tienen grupos muy unidos de amistades y estructuras familiares elegidas, eso me ha inspirado para dedicar mucha atención a mis relaciones no románticas. Esto ha sentado las bases para sentir que todo irá bien, incluso si termino sola, sin ninguna relación romántica, porque las amistades, los familiares y la comunidad de la que me rodeo son más que suficiente. No necesito dejar que un hombre horrible se sume a la ecuación para sentirme querida. Ya tengo amor suficiente sin eso.

Mi perspectiva de lo que es posible para las mujeres en este mundo y lo que realmente vale la pena valorar en nosotras mismas evolucionó por completo durante ese período. Por eso ahora soy tan firme, ruidosa y expresiva en mi apoyo a las mujeres y *femmes*: porque conozco el valor de hacerme oír. No quiero que nunca nadie tenga que adivinar lo que siento, y por eso considero que ser la persona más ruidosa de la sala es un cumplido. Y por eso no me importa una mierda si alguien piensa que mi contenido es alienante, y por eso le digo hasta nunca a toda persona que me diga que antes me admiraba, pero que luego me volví «excesiva» o fui «demasiado lejos» en mi apoyo a todas las mujeres y *femmes*, sin importar su raza, identidad sexual o de género. Si eres una persona homófoba, tránsfoba o TERF y no te gusto, adivina qué: el sentimiento es mutuo.

*   *   *

Espero que no todo el mundo necesite pasar por la experiencia de defraudar a una persona tan querida, como me pasó a mí, para darse cuenta de lo importante que es que tus relaciones importantes evolucionen y que tú también debes hacerlo. Porque una de las cosas más fáciles que existen es dejar que se creen grietas entre tú y las personas a quienes quieres por temor a cambiar o admitir que te has equivocado.

Aunque desearía poder volver atrás en el tiempo y tomar decisiones que no dañaran a una de las personas a las que más quiero, al menos aprendí el valor de no ponerme a mí ni a mis sentimientos en el centro. Aprendí a ampliar mi punto de vista para estar realmente presente para otros.

Y qué bien que lo hice, porque resulta que cuando solo te centras en ti, corres el riesgo de perder a los demás.

5. La falacia de las «sobras de mujeres» y otros mitos misóginos

Una de las razones por las que sentimos que el patriarcado es tan insidioso e imposible de combatir es que engaña a las personas para que crean que forma parte del tejido de nuestra sociedad en vez de ser algo que nos han adoctrinado para creer. ¿Recuerdas a Donald Trump en el período anterior a las elecciones de 2016 y su forma de comportarse en el escenario durante los debates con Hillary Clinton? Hacía comentarios sarcásticos por lo bajo cada vez que ella hablaba, la seguía y ocupaba su espacio personal, negaba hechos e inventaba historias. Ese fue el año en el que el término *gaslighting* o «luz de gas» entró de lleno en el vocabulario de Estados Unidos (en 2022 sería nombrada Palabra del Año por Merriam-Webster, pero eso fue porque en 2016 la palabra ganadora fue *surreal*, es decir «surrealista») y era descabellado ver los peores aspectos del patriarcado encarnados físicamente en el cuerpo de un hombre que, como ya sabes, terminó siendo presidente. Sigue siendo jodidamente surrealista pensar en cómo pudimos permitir que eso sucediera.

El comportamiento de Trump resultaba familiar a cualquiera que hubiera vivido una relación de maltrato. Implementó algunas de las tácticas intimidatorias más eficaces del arsenal misógino, desde minar la autoridad de las mujeres hasta directamente mentir. Muestra su misoginia abiertamente y sin vergüenza, y muchísimos hombres detestables lo adoran por ello. Incluso cuando no parecen ser necesariamente violentos o dañinos (aunque lo son; la violencia emocional y verbal siguen siendo formas de violencia), es fundamental examinar los patrones de pensamiento que comparten y unen a estos hombres y sus creencias.

Me revuelve el estómago pensar en las cosas que despiertan la camaradería entre hombres detestables e intolerantes, pero sé que la mentalidad que poseen por defecto consiste en violentar a las mujeres e invalidarlas, y me he dado cuenta de que todos comparten el mismo patrón de pensamiento cliché y categórico con respecto al comportamiento femenino, que creen que debería orientarse, antes que nada, a los hombres y sus deseos. Creen que esa es la opinión que TODOS los hombres tienen de las mujeres y que corresponde a las mujeres empezar a comportarse o morir solas. En términos más generales, esperan que negarse a reconocer a cualquier *femme* que no se ajuste a sus anticuados roles de género funcione como táctica intimidatoria que reafirme su control sobre las mujeres, y sus mensajes descarados indican la presencia de una corriente subyacente de agresión que muchas de nosotras experimentamos en nuestro día a día.

El objetivo de este capítulo es identificar las mentiras y los mitos misóginos con los que el patriarcado intenta atraparnos para que tú, que me lees, puedas prestar atención a todos ellos, desde microagresiones insidiosas hasta actos plenamente violentos. Te desafiaré a que examines comportamientos que quizás aceptes como «normales», pero que en realidad son inherentemente problemáticos. Juntas, desentrañaremos las mentiras más complejas que usa el patriarcado en su intento por lavarnos el cerebro para que permanezcamos subordinadas, y descubriremos el poder que podemos obtener no solo si las identificamos a tiempo, sino si también nos reímos en su cara.

Mito 1: El dilema de las «sobras de mujeres»

Una línea de pensamiento popular entre los misóginos y sus secuaces es la siguiente: las mujeres jóvenes pueden salir con quienes quieran, mientras que los hombres salen con quienes pueden. Pero a medida que envejecen, los hombres se casan con quienes quieren y las mujeres con quienes pueden.

Existe una falacia perpetuada por la sociedad según la cual las mujeres que no están dispuestas a sacrificar sus estándares tendrán que esforzarse y darse prisa al «final» de sus vidas para conseguir marido. Es la idea de las «sobras de mujeres». Y aquí nos referimos a mujeres de treinta, cuarenta o cincuenta años que simplemente no están casadas. Son mujeres en la flor de la vida, que no han hecho nada más que cometer el aparente delito de dejar que la experiencia y la edad les ofrezcan la sabiduría y la fuerza necesarias para no conformarse con menos de lo que merecen. Dios nos libre, ¿verdad?

Este no es más que un intento de hacernos luz de gas para empujarnos a conformarnos con alguien que no sea del todo genial. Es un relato que los hombres terribles usan para manipular a las mujeres y convertir cualquier deseo que podamos tener de contraer matrimonio algún día y formar una familia en un arma en nuestra contra. Quieren que creamos que no disponemos de tiempo suficiente para esperar a que aparezca algo mejor y que, si no cedemos ya, lo más probable es que estemos solas durante el resto de nuestra vida. Es una trampa para convencernos de que nunca encontraremos a alguien mejor y reducirnos a simples relojes biológicos. Porque ¿de qué sirve ser una mujer si la meta no es sentar cabeza con un hombre, que quizás te merezca o quizás no, y tener hijos, que quizás quieras tener o quizás no? Si las mujeres supieran de verdad de qué son capaces y a quiénes podrían interesar románticamente, ¿qué sería de los hombres detestables? La respuesta correcta es que se quedarían en la estacada.

Si en este momento estás soltera, o estás saliendo con alguien, pero no estás interesada en planear un futuro con esa persona, deja de preocuparte por acabar convertida en «sobras» y celebra tu soledad. ¿Acaso crees que llevar una vida atrapada junto a alguien que sabes que no merece ese nivel de compromiso puede traerte algo bueno? ¿Quieres malgastar el poco tiempo que tenemos sobre esta tierra ofreciéndole amor a alguien que no te ve como un ser humano, mucho menos como un igual? Ya has llegado hasta aquí con la persona con quien deberías tener tu relación más importante: tú misma. Siempre estarás mejor sola que forzada por la culpa a soportar la compañía de alguien que no te convence, simplemente por temor a no tener tiempo suficiente en tu vida para ir en busca de lo que sea, o quien sea, que de verdad desees.

En lugar de entregarte a creencias limitantes que te dejan en desventaja, desafía los juicios que se hacen sobre las mujeres y la idea establecida de que nos quedaremos sin opciones más adelante en la vida. Si no encuentras lo que buscas una vez cumplidos los treinta, o los cuarenta, ¿quién te dice que no está ahí fuera, esperando a que lo encuentres a los cincuenta, los sesenta o los setenta? Quizás yo no tenga idea de cómo es tu alma gemela, ni sepa cuándo o dónde la conocerás, pero hay algo que sí sé: nunca aparecerá si cedes a las presiones sociales del patriarcado y te conformas con algo que no quieres.

Mito 2: Los hombres son «naturalmente» buenos para los negocios y las labores domésticas son «cosa de mujeres»

Aclaremos una cosa: las mujeres y las *femmes* tienen un poder enorme como consumidoras. Piensa en todas las cosas que son tendencia y se venden como churros. Eso es obra de las chicas. Los expertos en mercadotecnia adoran las marcas y los productos cuyo público es completamente femenino porque las mujeres hacen que los bienes circulen. No solo compramos cosas, sino que seguimos cuentas, decidimos qué se viraliza, hablamos del tema, lo promocionamos (ya sea un producto o una plataforma) y nos aseguramos de que la empresa sepa que la adoramos. Somos un engranaje integral en la maquinaria que decide qué es popular. Las mujeres siguen lo que les gusta hasta los confines de la Tierra. Si consigues ponerte a las mujeres de tu lado, puedes lograr lo que sea.

Y los hombres detestan eso.

Ver a una mujer como yo siendo ella misma en internet y recibiendo recompensas económicas, sociales y profesionales por enfrentarse a su misoginia al tiempo que construye una carrera profesional los enfurece como no te imaginarías. Me gano la vida hiriendo sus sentimientos de mierda. Es un contratiempo que no vieron venir.

Bromas aparte, creo de verdad que el mayor problema que comporta animar solo a los hombres desde jóvenes a creer que tendrán éxito económico y se convertirán en empresarios poderosos, mientras que a las mujeres se las anima a triunfar en la estética, el amor y las relaciones es que, al final, esto perpetúa problemas de desigualdad muy reales en las parejas.

En la década de 2010, cuando mi generación estábamos en el instituto, la universidad y adentrándonos en el mundo laboral, había muchos mensajes que instaban a las mujeres jóvenes a aspirar a tener una carrera y buscar activamente oportunidades para triunfar en el ámbito laboral. Se nos exhortaba a ser firmes y actuar como jefas hasta llegar a la cima para desmontar el club de chicos que son los equipos directivos. Una vez más, es muy posible que este influjo de contenido creado para impulsar el empoderamiento profesional femenino sucediera porque las mujeres tenían muchas ganas de consumirlo y estaban desesperadas por obtener respuestas y alguna guía que les indicara cómo tener éxito en un mundo de hombres.

O quizás todos los hombres que presidían las reuniones entendieron que las mujeres intentarían sí o sí progresar en el ámbito laboral, así que por qué no aprovechar esa incesante búsqueda de cierta sensación de igualdad para ganar algo de dinero. Sea como fuere, estos mensajes fracasaban a menudo a la hora de ofrecer soluciones inclusivas y, en muchos casos, seguían enfrentando a las mujeres entre ellas al estilo de las *pick me girls*. Por más que esta línea de feminismo a lo «jefaza» reconocía hasta cierto punto las estructuras patriarcales que abundan en la cultura empresarial, las soluciones no dejaban de ser alarmantemente individualistas: déjate la piel trabajando y sé mejor que todo el mundo. No ofrecía un camino para avanzar, sino más bien un discurso motivacional vacío para seguir sosteniendo el sistema que ya está instaurado.

Pero me estoy desviando. A pesar de todas las deficiencias de la época de las jefazas, no debemos olvidar que los hombres también tienen su parte de culpa. Mientras todo eso estaba sucediendo, nadie se ocupaba de cambiar las mentes de los hombres jóvenes de mi generación para que entendieran el valor del trabajo doméstico, los cuidados y la crianza, todas tareas tradicionalmente femeninas. Esas obligaciones siempre han sido, y siguen siendo, trabajos ingratos que no reciben ninguna recompensa social ni incentivo económico, así que ¿por qué deberían los hombres imaginarse realizándolos? Podríamos decir que la crianza y el cuidado de un hogar son dos de las cosas más difíciles e importantes que puede hacer una persona, pero los hombres siguen evitándolas, porque jamás en la historia de la cultura occidental se les ha presentado como algo que sea para ellos. Siempre se le ha asignado la etiqueta de «trabajo femenino». Así, ellos pueden esquivar esas responsabilidades tan importantes porque no se considera problemático que no hagan nada en casa. Seguramente, al final se acabe haciendo todo sin su ayuda y, si no es así, nadie los culpará a ellos por no cuidar de su hogar, solo a sus homólogas femeninas.

Soy consciente de que la sagacidad casi sobrenatural para los negocios que tienen muchas mujeres fundadoras de empresas, líderes y emprendedoras bien podría ser el resultado de haber tenido que esforzarse más de lo que habrían creído posible. Veamos el ejemplo de mi madre. Cuando nos tuvo a mi hermana y a mí, tenía veintipocos años y estaba aterrorizada, pero conservó la fe en que saldría adelante. Era una madre y una mujer asombrosa, y muy trabajadora, incluso a los veintidós años. Nunca estuvo sola, pero la carrera de mi padre en la NFL hizo que hubiera momentos en los que tuvo que trabajar, estudiar, cuidarnos y apoyar a su pareja todo al mismo tiempo. Mi padre siempre escribía cartas, enviaba dinero y regalos para recordarnos que pensaba en nosotras, nos llamaba tanto como la tecnología de principios de los 2000 se lo permitía y venía a casa siempre que podía, pero hubo un par de años en los que la gran mayoría de las responsabilidades de la crianza recayeron sin duda alguna en mi madre. Ella hizo todo lo que pudo por mantener a flote a nuestra familia, incluso en los momentos difíciles, tanto en lo económico como en lo logístico, y logró que nada se desmoronara y todo siguiera funcionando sin problemas.

En cuanto la carrera de mi padre como deportista profesional llegó a su fin, él regresó a casa y comenzó inmediatamente a hacer trabajos esporádicos para seguir manteniendo a nuestra familia. Trabajó de técnico informático para una empresa, de entrenador personal, de empleado de una empresa de mudanzas, de empleado de seguridad de una discoteca y de sheriff de un juzgado, solo por mencionar algunos de sus empleos. Pero, a esas alturas, mi madre iba camino de ganar mucho dinero con su carrera después de esforzarse para ascender por la escalera corporativa hasta llegar a un trabajo de relaciones públicas muy bien remunerado.

La decisión fue muy sencilla: mi padre se ocuparía más de la casa y los niños, incluidas cosas como cocinar, limpiar y ayudar con los deberes, mientras que mi madre trabajaría hasta tarde en su puesto ejecutivo dentro de la empresa. La inversión de los roles domésticos que necesitaron para que nuestra familia siguiera funcionando no podría haber sido más fluida. Mi padre empoderó y apoyó a mi madre por completo sin el más mínimo rastro de resentimiento. Sigue siéndolo, y ella también sigue siendo el principal sostén económico de la familia desde entonces.

La verdad es que tuvimos mucha suerte y, aunque me encantaría que esto fuera lo normal, soy muy consciente de que no lo es. Hablo mucho de que la cultura samoana es, en el fondo, más matriarcal, pero el patriarcado es ineludible. Sigue existiendo una creencia muy asentada al respecto de que los hombres deben mantener económicamente a la familia mientras las mujeres se quedan en casa o, lo que es aún más frustrante, incluso cuando ambas personas ganan dinero fuera de casa, todas las labores domésticas y emocionales siguen recayendo en las mujeres. Los hombres samoanos pueden llegar a ser tan malos como cualquiera dando por hecho determinados roles de género, porque si hay algo que se le da muy bien a la colonización es implantar el patriarcado en todas las culturas que toca. Y yo jamás he perdido de vista lo fuertes y resilientes que tuvieron que ser mis padres para no aceptar consejos de nadie sobre cómo administrar su hogar y apoyarse como iguales.

Si todo esto tiene un lado positivo, es este: la base de todo espíritu emprendedor es la creencia de que puedes hacerte cargo de todo y que no hay nada que escape a tu capacidad. Embarcarte por tu cuenta en fundar un imperio o empezar desde abajo y esforzarte para subir la empinada y prejuiciosa escalera corporativa no son caminos aptos para débiles. Se requiere una inmersión y dedicación absolutas y nunca nadie lo ha logrado sin dejarse la piel trabajando, sin importar su género. Las mujeres y *femmes* no temen al trabajo ingrato y saben cómo es que te subestimen, que no se adapten a ti y que te presionen más allá de tus capacidades, y todo eso mientras te obligan a caminar por la cuerda floja de ser ambiciosa y trabajadora sin que te perciban como una «zorra». Nuestra labor es a menudo invisible, pero siempre estamos trabajando… y la mayor parte del tiempo lo hacemos con una sonrisa en la cara (los misóginos nunca saben si es real o no). Y esto es porque, como ya he dicho y me da igual repetir, las mujeres saben dirigir, joder.

Mito 3: A las chicas les gusta mucho el drama

Todas hemos pasado por esto. Todas conocemos a una chica —y muchas de nosotras hemos sido esa chica en algún momento (incluso yo, lo admito)— que afirma: «Todos mis amigos son chicos porque a las chicas les gusta demasiado el drama». Es un cliché de las *pick me girls*, desde luego, pero también es mentira. Cualquier atisbo de verdad que pueda contener esta creencia nace únicamente del deseo que tiene la sociedad de enfrentar a las mujeres entre sí. Quieren que creamos que existimos en competencia directa con las demás para conseguir cualquier victoria vital, que solo una de nosotras puede ganar y ¿cuál es el premio al final de este arcoíris de autodesprecio? La validación masculina... ¡Puaj!

Este cliché es el motivo preciso por el que me niego a cargar contra otras mujeres en mi plataforma, al menos del mismo modo en el que destrozo a los hombres. Porque sé que, muy en el fondo, han perdido el rumbo. Creen que si se niegan a sí mismas la alegría de disfrutar de la sororidad y se apartan de cualquier tipo de solidaridad o comunidad femenina, podrían llegar a ingresar en el club de los chicos. Quizás incluso logren evitar el maltrato perverso y constante de los hombres si eligen traicionar a las demás mujeres a cambio de su aprobación. Pero esa creencia es como un espejismo en el desierto: cuanto más cerca crees estar, más sea aleja. No es real ni está basada en la realidad, sino que es una táctica para que sigas persiguiendo algo que los hombres misóginos jamás estarán dispuestos a darte: respeto entre iguales.

Créeme si te digo que no hay nada de esa existencia que envidie, y me entristecen profundamente las mujeres que terminan en esa posición porque yo no podría haber logrado nada de lo que tengo sin mujeres a mi lado. Desde mi madre, que siempre estuvo conmigo (dentro de la sala de juntas, tomando nota) cada vez que negocié un nuevo contrato económico, hasta mi hermana, que fue mi ancla emocional durante la transición a una vida pública en línea y que se ha convertido en una socia creativa en mi marca; o mis amigas de los equipos deportivos, las residencias universitarias y los trabajos como camarera durante el instituto y la universidad, algunas de las cuales conozco desde hace más de una década y con quienes aún quedo para charlar cada vez que visito por trabajo la ciudad donde viven; jamás habría descubierto quién soy en realidad si no fuera por esas relaciones cercanas con otras mujeres. Las mujeres han tenido un efecto profundo y acelerador en mi camino hacia la autoestima y el autodescubrimiento.

Y aunque sé que no hay nada que yo pueda hacer para cambiar la opinión de las mujeres a quienes no les gusto porque han decidido ponerse del lado de los hombres misóginos y defenderlos, espero que en algún momento vean los errores de su lógica y se den cuenta de que unirse a los hombres en la denigración de otras mujeres jamás cambiará el hecho de que ellas siguen siendo mujeres y que, cuando los hombres cierran filas, eso jamás nos incluye a nosotras. A menudo, la decisión de venderse por la aprobación de hombres mediocres es a expensas de todas las mujeres, por más que ellas no se den cuenta. Además de que este tipo de comportamiento va envuelto con un bonito lazo de autosabotaje, cultivar amistades con hombres es igual, si no muchísimo más agotador emocionalmente que estar presente para las chicas. Todas habéis visto lo desquiciados que se ponen los hombres sensibles cuando les digo que son feos o que parecen vigilantes nocturnos de parquin recién salidos del turno cuando se dedican a acosar a minorías en internet. ¡A ellos sí que les gusta el drama!

Ellos no te quieren en su equipo. ¿Tú te crees que, como te dan un poco de validación a corto plazo, eso significa que al final te respetarán más que a una mujer como yo? Pues no. Al fin y al cabo, tú sigues siendo un «otro» para ellos; no perteneces a su grupo. Desde su perspectiva, sigues siendo inferior. Si odian a las mujeres, eso te incluye a ti. Tú tampoco pasas la prueba (por más que seas una *pick me girl*. Una vida sin aliadas y donde solo priorizas a los hombres en general es plana, mustia y poca cosa. Intentar servir a los hombres todo el tiempo no solo te frenará, sino que, al final, siempre te dañará de una u otra manera.

Aunque ser competitivas es natural, porque es cierto que nuestros instintos evolutivos pueden hacer que nos sintamos intimidadas por otras mujeres con las que compartimos metas e intereses, el patriarcado explota excesivamente esta emoción y la intensifica con la creencia limitante, o a veces la durísima realidad, de que las oportunidades para las mujeres son escasas. Todas estamos agotadas de vivir así, pero ceder a las estructuras sociales que nos enfrentan entre nosotras no hace más que perpetuar la profecía autocumplida de que solo puede haber una mujer por cada veinte hombres en cualquier sala. Y con todos los problemas sistémicos que perjudican a las mujeres y personas racializadas, no podemos permitirnos el lujo de sacrificar las relaciones que tenemos entre nosotras.

Eliminar a las demás mujeres de nuestra vida con la esperanza de que eso nos ayude a obtener oportunidades de progreso que suelen están reservadas para los hombres no es la solución. Es una pantalla de humo que te distraerá de fijarte metas verdaderas. Si tu estrategia profesional es buscar la validación de los hombres o denigrar a las mujeres que están a tu lado para que ellos te perciban como más capaz, todo con la esperanza de que te den su aprobación y permiso para llegar más alto, te has resignado a no ejercer tu voluntad de ninguna manera.

Somos capaces de muchas cosas, y debemos cuidarnos y apoyarnos entre nosotras para protegernos de la misoginia casual y las faltas de respeto, no solo en el mundo en general, sino en entornos concretos como el trabajo o los centros educativos (por no hablar de las relaciones románticas). Ahora más que nunca, nos debemos el ser más amables con otras mujeres, crear espacios, tener empatía entre nosotras y recibir cualquier drama que se le ocurra agitar al patriarcado para ponerlo del revés y devolvérselo.

Una técnica que me ha resultado útil ha sido la sinceridad radical conmigo misma al respecto de mis sentimientos. Cuando reflexionas de verdad sobre qué sientes hacia otras mujeres, es mucho más fácil reconocer la misoginia interiorizada que impulsa tus reacciones y respuestas. Si veía a una mujer a la que no conocía y sentía desdén hacia ella sin ningún motivo, empezaba a preguntarme: ¿de verdad es una mala persona o solo estoy siendo odiosa? Y en ese caso, ¿por qué? Pensar así lo cambió todo para mí, porque me ofreció un espacio en el que no solo podía reflexionar sobre mis sentimientos, sino también confrontar mis prejuicios. Recuerda que enfrentar a las mujeres entre sí no es solo un síntoma del patriarcado, sino también una de sus metas. Modificar mis patrones de pensamiento me dio autonomía y me permitió valorar si estaba dispuesta a ceder ante esa actitud misógina y poco productiva con otras mujeres que no me habían hecho nada, o decidir por mi cuenta qué opinaba de ellas.

Esto no solo me abrió los ojos a mis creencias sesgadas subconscientes, sino que además me abrió el corazón a muchas otras relaciones y a la posibilidad de construir una comunidad con muchas mujeres asombrosas. Si hubiera permitido que esa actitud amargada y misógina que se me impuso durante tanto tiempo limitara mi capacidad de dejar entrar a otras mujeres a mi vida con el corazón y la mente abiertos, no tendría a todas las cabronas maravillosas que hoy son mis amigas. Así que si eres una mujer/*femme* que me está leyendo y tiene dificultades con los sesgos interiorizados, quiero que sepas que no eres la única que está en esa situación ni que tiene esos sesgos. Pero siempre estás a tiempo de corregirlos si te enfrentas a ellos directamente.

Mito 4: Puedo cambiarlo

Antes de empezar, quiero resaltar y enfatizar que yo no soy psicoterapeuta especializada en relaciones. No soy experta en relaciones. ¡Si yo apenas he tenido un par! Lo único que tengo es experiencia en el mundo real, una bocaza y la convicción absoluta de que la mayoría de las mujeres podrían conseguir algo MUCHO mejor. Así que tía, tú verás qué haces con esta información.

Ahora repite conmigo: «No, yo no voy a cambiarlo». Y: «Ese no es mi trabajo».

Tus relaciones románticas no deberían hacer que te sientas mal contigo misma; que cuestiones tus pasiones, ambiciones o deseos; ni que te preocupe cómo va a reaccionar tu pareja a lo que hagas o digas. Nunca deberías sentir que tienes que ocultar información a tus amistades y familiares, ni mantener cosas en secreto. Debería emocionarte ver a esa persona, y esa persona debería aceptarte por completo, aceptar quién eres en tu totalidad, como persona realizada, con o sin ella a tu lado. Claro que puede esperar mucho de ti, pero no debería esperar que cambies quién eres a nivel fundamental por ella. Estar con esa persona debería ser un descanso de todo el estrés de tu existencia diaria, no la fuente principal de ese estrés. Si la persona con la que sales te llena de ansiedad, tómalo como indicio de que algo no va bien. Tu cuerpo te está mandando una señal de advertencia y ese disparador de lucha o huida no se desactivará. Está allí con razón.

No eres la única. Pasar por la experiencia de estar con la persona equivocada es normal. Y es una mierda. Pero si eres sincera al respecto, esa experiencia te puede ofrecer un período intenso de crecimiento personal en el que puedes descubrir quién eres y cómo quieres que te traten en una pareja romántica. Sin embargo, si no te cuidas cuando estás cerca de los hombres equivocados, puedes terminar en una mala situación en la que tu autoestima quede destruida y tu yo desaparezca. La creencia fundamental que está en el centro de este martirio es la convicción de que él va a cambiar. Que su peor versión no es su yo real. Que el comportamiento se puede corregir y que tú eres la única que puede arreglarlo. Y no solo eso: que arreglarlo es tu trabajo, sin importar el daño colateral (y ese daño colateral siempre terminas siendo tú).

Perderte así por otra persona nunca es bueno. Es un impulso que, de nuevo, alimenta la mentalidad de que las mujeres tienen pocas opciones. Debes tener fe en que la persona indicada para ti existe. No pierdas de vista la vida que de verdad quieres, ni los pasos que debes dar para mejorar a nivel emocional y espiritual y así estar preparada para que la persona indicada llegue a tu vida. No bajes la cabeza y no temas señalar las *red flags* desde el principio de la relación. Resiste el impulso de apartar la mirada cuando veas algo que no te gusta o justificar esas conductas que te hacen sentir mal. Recurre a amistades cercanas que sepan escuchar para expresar tus preocupaciones y atiende de verdad a lo que te digan. Hay más probabilidades de que te hagas cargo de tus sentimientos si no los ignoras, así que no seas tímida y confíaselos a quienes te rodean.

Y si estás al otro lado, viendo a una amiga lidiar con una relación así, sé que puede ser difícil saber cuál es tu papel, pero yo creo que es responsabilidad tuya decir algo, con amabilidad, pero con firmeza, si ves que se está perdiendo o se comporta de manera preocupante.

Las amigas se cuidan, incluso cuando eso implica salvar a la otra de sí misma.

En muchos sentidos, las parejas masculinas que te hacen sentir así constante y agresivamente también pueden pasar de portarse mal a portarse bien en un santiamén. Cuando todo va bien, es como un cuento de hadas. Hay halagos, elogios, tiempo juntos, conversaciones intensas sobre vuestro futuro, quizás muchos regalos. Pero siempre hay un punto de inflexión. De pronto, el amor que él siente por ti se da la vuelta y empieza a apuntar hacia sus propias inseguridades, como que tú no lo quieres tanto como él a ti, ni por asomo. O que si tú lo quisieras de verdad, no te vestirías así ni saldrías sin él. Él solo intenta protegerte, ¿y cómo va a hacerlo si no controla hasta el último aspecto de tu autonomía? Él haría cualquier cosa por ti, no necesita a nadie más y lo único que le importa es que estéis juntos. ¿Acaso es un crimen reconocer que tú eres mucho más que eso? A los hombres así no les importa. En cuanto te pide que te pongas a su nivel es cuando los halagos y el afecto se revelan como la trampa que eran. A partir de ese momento, lo único que quiere es que te sientas culpable y te responsabilices de todo. El patriarcado ha condicionado a las mujeres durante toda la vida para priorizar los sentimientos y la comodidad de los demás, pero no puedes ceder.

Basta una sola pelea violenta con alguien para saber que es algo que se repetirá una y otra vez. Por supuesto, hay aspectos interpersonales en las relaciones que se pueden trabajar, como los estilos de comunicación, pero ninguno implica puñetazos en la pared ni violencia verbal. Tampoco que te infravalores para que él se sienta «como un hombre». Ni que justifiques esas acciones suyas que te hacen sentir incómoda. No todos los hombres son horribles, lo sabemos. Pero algunos están perdidos, otros han saltado de relación en relación toda la vida y otros siguen lidiando con sesgos interiorizados que se niegan a trabajar. Eso no quiere decir que debas sacrificar tu felicidad por su amor. Eso no significa que tengas la responsabilidad de sanarlos. Así no es como se supone que funcionan las relaciones. Mereces a alguien que te dé todo el amor y el respeto que quieres o deseas de una relación romántica, y esa persona debería saber que te niegas a conformarte con menos.

Cuando él te diga quién es, créele a la primera. Lo que me importa no es si tú le estás dando espacio a tu pareja. ¡Lo que me importa es si tu pareja te da espacio a ti! No que te ponga en un pedestal y te haga creer que eres mejor que todo el mundo. Me refiero a darte espacio para honrar tu individualidad e independencia, para celebrar quién eres de verdad. Quiero que alguien te vea como mereces ser vista. Que te entienda y aprecie quién eres en realidad.

Nunca deberías ser la única que respeta a la otra persona en la relación, pero mucho menos cuando hay una crisis. Discutir y pelear son dos cosas diferentes. Discutir con tu pareja es sano. Significa que estáis intentando comunicar una emoción o algo por lo que estáis pasando, pero sintiéndoos escuchados y comprendidos. Es inevitable discutir con alguien con quien pasas tanto tiempo (a decir verdad, si no lo haces, me preocuparía que no estuvieras diciendo lo suficiente lo que piensas). Las peleas, por otro lado, son otra cosa. Pelearse no es ni productivo ni sano. Es decirse crueldades, emociones intensas y un subidón de adrenalina. No hace que la comunicación avance y nadie está sanando, solo se trata de superar al otro, lo que crea estrés y muros entre tu pareja y tú. Cuando peleas, no piensas con lógica, solo reaccionas a tus emociones y hay un mayor riesgo de decir cosas que no sientes y que no puedes retirar. Y pelear mucho no solo afecta a tu salud mental en general, sino que puede crear grietas en los cimientos de vuestra relación.

Sé que hay parejas que han superado muchísimas cosas juntos en la vida, y mi intención no es sugerir que tú eres perfecta y que mereces a alguien que también lo sea, pero sí sostengo que, cuanto más altos sean los estándares que tengas al iniciar una relación, más éxito tendrás a la hora de plantarte y hacerte valer. Como mínimo, no tendrás miedo de romper en cuanto tu instinto te diga que algo ha ido demasiado lejos.

El amor, la adoración y la presencia de alguien a quien le importas profundamente no debería doler. Y jamás debería doler para que percibas que es real. Creo que demasiado a menudo la gente cree que el amor debe ir acompañado de dolor para que sea de verdad. Piensan: «Bueno, nadie es perfecto. Y ninguna relación lo es». También creo que a veces se cree que amor y dolor van de la mano porque tememos perseguir algo que parece demasiado bueno para ser cierto. Si temes comprometerte con una sola persona y te preocupa ver que alguien te demuestra el amor que realmente mereces, es posible que te sientas atraída por personas que, en el fondo, sabes que pueden herirte.

La mentalidad de «Sé que me hace sentir una mierda, pero es una persona de mierda, así que ya me lo esperaba» ayuda a reducir la probabilidad de que te comprometas de verdad con alguien y al final te hagan daño o tengas que superar una ruptura real. Y aunque empatizo con este miedo muy válido y frecuente, también sé esto: no dar un salto de fe elimina tanto los riesgos como las posibilidades. En *Los cuatro amores*, C. S. Lewis dice: «Amar, de la manera que sea, es ser vulnerable. Ama cualquier cosa y, sin ninguna duda, tu corazón se retorcerá e incluso romperá. Si quieres asegurarte de que se mantenga intacto, no debes dárselo a nadie, ni siquiera a un animal». Esa no es forma de vivir. Si te identificas con eso, no temas ir tras alguien que esté dispuesto a darte el amor y el apoyo que quieres. ¡Te lo mereces! Pregúntate: «¿Por qué creo que las relaciones tienen que doler para tener la sensación de que son válidas y tangibles?». Probablemente sea cierto que todo amor viene con cierto grado de turbulencias, pero nunca creas que debes sufrir a solas para ganarte el amor de alguien.

Las palabras son mucho más importantes de lo que crees. A los hombres que no entienden la diferencia entre intentar comunicar una emoción y ser meramente crueles les encanta desdibujar los límites y confundir ambas cosas, ya sea queriendo o no. Usan la ira como excusa y piden perdón porque en realidad no quisieron decir lo que dijeron. Pero una vez que el daño está hecho, no hay forma de volver atrás. Las mujeres están socialmente condicionadas para aceptar disculpas y pasar por alto malos comportamientos, pero ¿a qué precio?

No tienes por qué perdonar a alguien solo porque te lo ha pedido y le gustaría que tú pasaras página. No te apresures a otorgar ninguna exención. Cuida de ti, cueste lo que cueste, porque, en definitiva, necesitas protegerte, sobre todo cuando tienes una relación con otro ser humano. Al mirarte al espejo, esa que ves es la persona con la que debes vivir todos los días de tu vida. Y, pase lo que pase, esa es la relación más importante que tienes.

* * *

La ironía es que muchas mujeres permanecen en esas relaciones poco ideales justamente por los mensajes manipuladores que el patriarcado les ha repetido durante toda la vida: el miedo a que nadie quiera salir con ellas y acabar solas, la preocupación por la escasez de oportunidades de enamorarse o experimentar una conexión humana profunda y la creencia de que compiten contra otras mujeres por cada oportunidad que se les presenta en la vida. Los ejemplos de este capítulo son solo una pequeña muestra, pero hay un sinfín de mitos misóginos que siguen influyendo en el mundo. Mi esperanza es que, si empezamos a señalar algunos, te sentirás empoderada para identificar otras ideas erróneas muy extendidas. Cuando decidas de una vez por todas que mereces que te cuiden, tendrás una eufórica sensación de autonomía. ¡Tú lo vales!

Eso es lo que quiero para ti, y sé que lo conseguirás. Solo tienes que estar dispuesta a esperar que pase. Nunca dejes que un hombre mediocre que valora demasiado las opiniones de otros hombres sobre cómo amarte te convenza de que eso es normal. Es más, no dejes que te convenza de que debes traicionar a las demás mujeres para conseguir a un hombre. Si permites que te robe la posibilidad de tener una vida repleta de la calidez de las mujeres tendrás una experiencia dolorosa y solitaria. Solo podemos sobrevivir si nos tenemos las unas a las otras. Desde las cosas que nos dicen que son «femeninas» y la manera en la que se supone que debemos cuidar nuestro cuerpo, hasta las críticas infundadas que recibimos por ser demasiado emotivas e impredecibles, o la afirmación de que los hombres son más tranquilos y están naturalmente preparados para puestos de liderazgo, la lista es infinita.

Detenernos y prestar atención a toda la misoginia que sigue formando parte de nuestra sociedad hoy en día es abrumador. Nadie debería intentar reflexionar al respecto de manera aislada. Debemos escuchar las experiencias de las demás personas para poder plantear preguntas, pensar de forma crítica y decidir por nosotras mismas qué es real y qué nos ha enseñado convenientemente el patriarcado que debemos creer y acatar sin cuestionarlo en absoluto.

No estamos hablando de comentarios insensibles que oímos una o dos veces al año en boca de nuestros familiares de derechas durante la comida de Navidad. Se trata de creencias que todas nos vemos obligadas a afrontar a diario, y todos esos mensajes tienen un efecto acumulativo que pesa cada vez más y más sobre nuestra autoestima cada año que pasamos sobre este planeta. Hasta que llegamos al punto en el que estamos listas para empezar el proceso de sacar a los hombres del centro de nuestras creencias fundamentales, claro. Para llegar ahí, debemos entender las distintas expectativas sociales sobre cómo deberían realizarse hombres y mujeres, y persistir en la convicción de que somos mucho más de lo que los hombres esperan que seamos. Merecemos ocupar espacio, expresar nuestras opiniones, saber que somos valiosas más allá de lo que la mirada masculina considera digno de elogio. Reconocer estas trampas de la misoginia como un esfuerzo por frenarnos es un primer paso clave para sacar a los hombres del centro en nuestro camino de vida individual.

6. Prefiero morir sola

Dadas todas las formas obvias y sutiles que tiene el patriarcado de jodernos, tanto a nivel individual como estructural, sueño con el día en el que las mujeres y *femmes* decidan que ya hemos tenido suficiente de toda esta mierda y que no vamos a seguir participando. Aunque no es culpa nuestra que el sistema exista, deseo que todas podamos vivir oponiéndonos directamente a él, negándonos a participar de él.

Dejando a un lado las fantasías, alcanzar el nivel de «Me importa una mierda» al que yo he llegado es inmensamente potente. Con esto quiero decir que he llegado a un punto de mi vida en el que no me preocupa la idea de morir sola. No le pongo ningún pero. Es cierto que ya he encontrado al amor de mi vida y a la pareja perfecta para mí, Pili, pero he aceptado que si, por algún motivo, él no existiera, estaría encantada de enfrentarme descaradamente a este mundo aterrador sin ninguna pareja romántica. Sé que debes de estar pensando que es fácil decirlo cuando tengo a un Pili, pero te aseguro que es una conclusión a la que llegué mucho antes de que él y yo empezáramos a salir. A decir verdad, estoy absolutamente segura de que haber llegado a pensar eso es el motivo por el que el universo decidió enviarme a Pili entonces y de esa manera.

Las mujeres que deciden vivir solas suelen ser vistas con desdén porque los hombres dan por hecho que solo se llega a esa conclusión por razones superficiales, como el despecho o el rechazo, a diferencia de los hombres, que pueden estar solteros durante toda la vida y aun así recibir vítores por no dejarse encadenar por ninguna mujer. Antes que nada, la experiencia de crecer en este jodido mundo patriarcal debería convencer a cualquiera de que estar sola es mejor que estar con un hombre mediocre. No hace falta ninguna experiencia «negativa» para que una mujer vea el potencial de estar con un hombre horrible, sobre todo cuando la mayoría de esas experiencias se nos imponen en contra de nuestra voluntad. En segundo lugar, ser rechazada dentro de un sistema cisheteropatriarcal que valora ser blanca y delgada puede ser una experiencia devastadora, así que no me parece un motivo superficial, pero sé que así es como lo perciben los hombres.

Cada vez que una mujer elige quedarse soltera, surgen toda una serie de juicios en torno a esa decisión de ir sola por la vida y ser feliz así. Jamás se considera una decisión autónoma, ni tampoco se cree que, no solo podemos ser felices solas, sino que podemos sentirnos eufóricas y prosperar. Nunca se nos permite decidir por voluntad propia que estar solas es mejor que estar con alguien que no sea suficiente. Nadie quiere creer ese relato. Solo creen el relato en el que nos vemos obligadas a tomar esa decisión porque un hombre nos ha herido, porque nadie nos acepta o porque se considera que no seríamos una «buena esposa». Los hombres necesitan creer que una mujer solo puede querer vivir sola si le queda otra opción. Cualquier posibilidad de que tengamos algún tipo de libre albedrío para decidir si queremos o no ser felices solas los aterra.

Personalmente, yo no llegué a esa conclusión desde la negatividad ni las carencias. Al contrario, fue cuando asumí totalmente mi poder como mujer independiente que empecé a aceptar la posibilidad de morir sola. Porque parte del trabajo de saber quién eres es saber qué puedes ofrecer. Y yo estaba segura de que lo que estaba dispuesta a darle a una pareja masculina era algo excepcional, y que era capaz de amar y de dar ese amor a cualquiera que iniciara con gusto una relación conmigo. De hecho, sentía eso precisamente porque estaba convencida de que yo era más que suficiente y creía de verdad, en lo más profundo de mi alma, que ningún hombre que hubiera conocido merecía de verdad todo lo que yo tenía que ofrecer. No tenía sentido ir detrás de un hombre mediocre solo para no estar sola, porque en realidad no hay nada más solitario que tener una relación emocionalmente desequilibrada. En lugar de permitir que eso socavara mi autoestima y lo mucho que yo me valoraba, elegí proteger mi tiempo, espacio y energía y vivir por completo como yo quería.

Cuando por fin lo entendí, tuve la revelación más liberadora que jamás había tenido. Que yo era más que suficiente, no solo para otra persona, sino también para mí. Como dice Beyoncé: *I'm gon' be my own best friend* («seré mi mejor amiga»). Y lo seré; prefiero ser mi propia mejor amiga, mi otra mitad y la mejor persona que conozco antes que tener que lidiar con el cuidado y el afecto mediocre de un hombre que se niega a trabajarse. Lo más maravilloso de esta epifanía es que, una vez llegas a ella, no hay vuelta atrás. El miedo a dejar pasar una pareja se disipa por completo y te sientes segura y libre. La aceptación absoluta de la posibilidad de morir sola, incluso la alegría ante esa idea, no solo ha sido la base misma de mi autoestima, sino que, paradójicamente, me condujo a conocer a un hombre estupendo que me ama y respeta de verdad.

Pero antes de seguir, déjame retroceder un poco y contarte cómo aprendí a dejar de preocuparme y aceptar la idea de morir sola.

* * *

Durante mis años de universidad, mi grupo de amigas siempre bromeaba con que yo era demasiado exigente. Ya entonces, mi tolerancia a las idioteces masculinas era nula, lo que significaba que descartaba a tíos tras el más mínimo paso en falso, desde inventarse una palabra cuando acababa de decirme lo inteligente que era, hasta tirar basura al suelo en mi presencia. Salí con un par de personas durante esa época, pero nunca busqué algo más serio porque nunca sentí que alguien fuera el indicado. Durante la mayoría de esos años, estuve atrapada en una nube de melancolía por la que nunca quise llevar a ninguno de los tíos con los que salía a que conociera a mis amigas ni familiares. En parte porque era difícil ponerme en serio con alguno de esos tíos tan poco serios y, si no iba en serio, no les iba a dar acceso a mi círculo íntimo. Incluso a los tíos que no eran detestables y pasaban la evaluación inicial siempre les faltaba algo, y daba igual lo que pasara, yo siempre encontraba una excusa para escaparme. Mis amigas se reían de mí todo el tiempo, pero cuando empecé a acercarme a mi graduación sin haber tenido ninguna relación larga, y mucho menos significativa, hubo momentos en los que empecé a preguntarme si quizás no tendrían razón. Quizás sí era demasiado exigente.

Siempre he sido la «madre» de mi grupo de amigas. Si enfermas, yo soy la amiga molesta que te escribe diez veces para preguntarte si necesitas que te lleve comida, si has pedido hora con el médico, si has apagado tu correo electrónico del trabajo y si has conseguido descansar. En resumen, me ocupo de todo el mundo como aprendí al haberme criado con mi madre. Podría decirse que esa se convirtió en mi forma de demostrar mi amistad: defender a mis amigas y motivarlas. Asegurarme de que supieran que merecían mucho más que los tíos de mierda que conocían por casualidad o en las clases. Jamás perdí la oportunidad de recordarles que esos hombres eran una mierda y que jamás serían suficientes para ellas, por más que parecieran buenos en aquel momento.

Yo ya había asumido mi faceta de defensora de mujeres y *femmes* después de ser testigo de los peligros amenazadores de lo que solemos llamar de forma imprecisa «cultura universitaria del ligoteo». Cuidaba a mis amigas cuando salíamos y ellas querían beber y divertirse. Ningún cuidado era demasiado cuando se trataba de tener «experiencias universitarias normales», entre comillas, porque, siendo mujeres, éramos vulnerables. Nos dolía el cuello de lo mucho que debíamos mirar constantemente en todas direcciones. Para los hombres, los años universitarios prometen ser el mejor momento de sus vidas con todos los juegos, las fiestas y la cosificación de las mujeres para su placer. Las chicas también intentábamos pasárnoslo bien, creyendo que nos lo merecíamos, pero la coexistencia con los hombres no lo hace fácil, ¿verdad? Debíamos ser precavidas, pero no demasiado. Ser divertidas, pero no demasiado. Ser sexis, pero no demasiado. Y, a pesar de esos equilibrios imposibles, había veces en las que no bastaba para proteger a las mujeres del daño de algún hombre.

Lo único que podía hacer era consolarlas como podía cuando un hombre les infligía violencia, tanto física como emocional, e intentar recomponerlas. Porque eso es lo que nos distingue a las mujeres en este mundo. La necesidad de seguir adelante, incluso cuando te sucede lo impensable, porque el mundo no te ofrece la oportunidad de recuperarte. Es en momentos así cuando siempre me veo interviniendo. Si nadie más te recuerda que vales más que todos esos hombres detestables juntos, ya lo haré yo.

Incluso cuando las situaciones no llegan a ponerse violentas, siempre sobran comportamientos masculinos de mierda con los que debemos lidiar. Pasé gran parte de mi vida universitaria haciendo de perro guardián para mis amigas, yendo a sus apartamentos y echando a patadas a los tíos que intentaban aprovecharse o que no entendían las señales gigantes que indicaban que ya era hora de que se fueran. Estaba alerta en el bar y no perdía de vista las bebidas de ninguna de las chicas, las conociera o no. Y siempre me aseguraba de ser la última en irme, para comprobar que nadie se quedara atrás o atascada en una situación que pudiera volverse peligrosa en mi ausencia.

Rodeada como estaba de comportamientos masculinos así, el futuro no parecía depararme muchas citas. Pero en mi último año, empecé a salir con alguien.

Lo conocí por casualidad en la playa con amigos y pasamos el día entero juntos, hablando y conociéndonos. Quizás fuera porque él tenía casi treinta años y era más maduro que la media de los hombres con los que podría haber salido, el caso es que me atrajo. Como persona que solo había tenido relaciones muy poco serias y ocasionales durante los últimos tres años, yo estaba igual de sorprendida que mis amigas por lo oportuno de la situación. Quién sabe, quizás la graduación que se aproximaba me había ablandado.

En cualquier caso, vi desde el principio que ese tío era un poco más serio que los que conocía de la universidad. Siempre quería verme y era proactivo en el envío de mensajes de texto y la organización de planes. Cada vez que recibía un mensaje de él con una sugerencia concreta para tener una cita me llevaba una grata sorpresa (que, si lo piensas, es un verdadero horror, porque ¿qué tiene eso de emocionante? El listón está en el infierno).

Pero luego comenzaron los problemas. Empecé a notar que cada vez que yo intentaba organizar un plan, él siempre decía que no. Me seguía invitando a salir, pero siempre lo hacíamos según sus horarios, y siempre tenía una excusa preparada para explicar por qué no podíamos quedar cuando yo se lo pedía. Incluso mis amigas estaban de acuerdo en que lo más probable es que fuera un motivo de alarma, pero, por lo que fuera, decidí ignorarlo. Me gusta pensar que esa fue mi mayor experiencia de ignorar una *red flag* enorme. Es un evento canónico en la vida de las personas a las que, lamentablemente, nos atraen los hombres y sé que tú también has pasado por eso, tía. Era atractivo, atento y abierto sobre sus intereses, así que ignoré las señales durante un tiempo, pero seguía actuando de forma sospechosa, algo típico de los hombres horribles, ¿verdad?

Un par de semanas después de este comportamiento evasivo, y con ayuda de mis amigas, decidí que (a) se avergonzaba de mí o (b) ocultaba algo (y, fuera lo que fuese, seguro que eran malas noticias para mí). Así que decidí empezar yo también a decirle que no cada vez que me escribía.

Se dio cuenta rápidamente, cambió su actitud y pidió verme para explicarse. Condujo hasta mi casa, así que decidí darle una última oportunidad. Si quería hablar, podíamos hacerlo, pero eso sería todo y después se marcharía.

Grave error.

Resumiendo mucho una historia que fue muy larga: yo era «la otra». Ese hombre llevaba una doble vida y me había enredado en una red de mentiras de mierda. Tras exponer los detalles en su intento por «explicarse», mi respuesta inmediata fue: «¡Guau! De acuerdo, felicidades, pero yo me bajo de esta mierda». ¿Había perdido el juicio por completo? ¡Fuera de aquí, demonio! Pero claro, como era una persona horrible, no se bajó del tren de las disculpas y se detuvo en todas las estaciones-excusa: «No es una relación importante». «No la quiero». «¿Qué más da?». «Jamás he sentido esto por nadie». «Te necesito». Tío, vaya si te irás DIRECTO al infierno.

Después de que yo exorcizara mi casa para eliminar los malos espíritus que ese imbécil mentiroso y adúltero había traído, se marchó. Y, por supuesto, como hacen siempre, siguió intentando ponerse en contacto conmigo. Me llamaba constantemente, mi móvil no dejaba de sonar, él quería «saber cómo estaba», etc. La situación se alargó hasta bien entrado el semestre siguiente. Cuando llegaron las vacaciones de primavera, me fui con mi familia y recibí una llamada de mi casero. Había un tío borracho en mi casa que no dejaba de golpear la puerta y gritar mi nombre, balbuceando lo mucho que me echaba de menos y que lo sentía. ¡Os dije que era un demonio! Yo estaba muy cabreada y muy confusa. Más allá de todas sus tonterías, solo habíamos estado «saliendo», si es que se puede llamar así, un par de meses, como mucho. Por más que fuera el primer tío al que había tolerado durante más de un par de semanas, nuestra relación no era lo suficientemente seria como para justificar esa conducta.

Por algún motivo, sentí un poco de pena por él. Cuando regresé a Hawái de mis vacaciones, me pidió volver a verme porque quería volver a hablar conmigo y, como yo estaba en mi período de ignorancia voluntaria, dejé que viniera para charlar. Cuando llegó, descargó sobre mí todos los traumas que tenía con su relación (ya sabes, aquella en la que, sin yo saberlo, era una intrusa) y me explicó una y otra vez que él seguía sintiendo cosas por mí y que me «necesitaba»… Y mientras él estaba ahí balbuceando en su burbuja de autoconmiseración, me di cuenta de lo mucho que me repugnaba. Sentía verdadero rechazo al verlo allí sentado y lloriqueando sobre lo injusto que era el mundo con él, mientras intentaba activamente arruinar la vida de dos mujeres. Mientras él parloteaba, yo no dejaba de pensar: «Los hombres me dan asco y este es el karma por decidir ignorar las *red flags*».

A estas alturas, yo ya me había desconectado por completo de cualquier relación romántica que hubiéramos tenido, pero, por algún motivo, él no podía olvidarse de mí. Seguía apareciendo en mi vida una y otra vez. Supuse que había perdido la cabeza si creía que yo era una chica a la que podía joder y que, tarde o temprano, dejaría de llamarme. Pero no lo hizo. Y, para entonces, yo me enfurecía cada vez que me decía algo. Ese tío llevaba una vida como la de Jason Bourne para mantener dos relaciones en la misma isla diminuta y quería que yo me sintiera mal… ¿Por qué? ¿Porque no me estaba dejando manipular para seguir con él después de descubrir que era un asco de persona? Váyase a la mierda, señor.

Así que al final decidí cortar la comunicación por completo e ignorarlo. No pensaba responder a ningún mensaje de texto más ni contestar ninguna llamada. Lo bloquearía de una vez por todas. Pareció que por fin había captado las señales y la comunicación terminó.

Avancemos un par de meses. Son mis últimas semanas de universidad, estoy a punto de graduarme, y estudiando para los finales, cuando de pronto recibo una llamada. Son casi las dos de la madrugada y es un número que no reconozco con prefijo de Honolulu. Pensé que podía ser una emergencia familiar, así que descolgué. Al otro lado, sonó la voz de una mujer.

—¿Eres Drew?

—Sí… ¿Quién es?

—¿Conoces a [CENSURADO]?

—Sí… ¿Por qué? ¿Quién eres?

La otra persona se echó a llorar.

—Lo sabía, joder. Es que lo sabía.

Al principio me sentí muy confundida, pero cuando se puso a llorar al teléfono, lo supe. Estaba claro que era la mujer que estaba con él antes de mí. Aunque no estaba segura de si me llamaba para gritarme o qué. No parecía enfadada, pero no dejó de llorar mientras me contaba lo que había ocurrido.

Resulta que había varias partes de la historia que yo no sabía. Mientras lloraba y compartía conmigo lo que había pasado, yo me limité a escucharla incrédula. Aunque yo ya estaba convencida de que él era capaz de ser horrible, jamás habría podido predecir cuánto. Así que la escuché. La escuché mientras me confesaba cómo se había estado sintiendo, cómo se había enterado, todo lo que había hecho para evitar que él la engañara y mucho más. Y, oye, yo no soy quién para ventilar los trapos sucios de otras personas, sobre todo de una mujer que ha atravesado el infierno por un imbécil, pero te prometo que los detalles eran horribles. Para entonces, cualquier cosa similar a la lástima que pudiera haber sentido por él se esfumó por completo. Con todo lo que había odiado que él me convirtiera en una «amante» en contra de mi voluntad, toda mi empatía estaba ahora con ella. No podía creer que alguien que respetaba tan poco a las mujeres, y a sus sentimientos, quisiera hacerme creer que lo estaba pasando mal. Anda ya, joder.

Le aseguré a la mujer que yo no había tenido ni idea de que ella existía, ni mucho menos que tenían una relación, y que en cuanto me enteré, puse fin a la situación. No necesito interferir en una relación seria para salir con alguien, y quería asegurarme de que lo oyera de mi boca.

No sé si eso la hizo sentirse mejor, pero estuvimos hablando durante horas, y yo hice todo lo que pude para convencerla de dejarlo, porque sentí que la libertad de esa mujer era mucho más importante que cualquier otra cosa que estuviera haciendo en ese momento. Le dije: «¡Ambas merecemos algo mejor! ¡QUE SE JODA!».

En ese momento ella estaba convencida y dijo que lo dejaría. No tengo idea de si lo hizo, pero espero que haya encontrado paz y amor. Ese fue uno de esos momentos en los que una persona necesita empatía y apoyo, sobre todo de otra mujer. Espero que se sintiera validada y escuchada, aunque solo fuera un momento.

Pasaron un par de semanas y, como era de esperar, recibí un mensaje de él en mi móvil. En el que probablemente sea el mensaje más manipulador que haya visto en mi puta vida, me escribió: «Solo quería decirte que lamento que te hayas visto involucrada en todo esto y agradezco que le dijeras lo que ella necesitaba oír. Tienes razón: tengo mucho en lo que trabajar». Tía, deberías haberme visto la cara.

Tuve que hacer uso de toda la fuerza que tenía en el cuerpo para no responderle, porque sabía que cualquier respuesta mía lo animaría a seguir escribiéndome. Así es como funcionan estos hombres. Pero ese no fue el final. A ese mensaje le siguió otro: «Drew, tú eres la persona más grandiosa del mundo. ¿Me seguirás ignorando para siempre?».

Sí, por supuesto. Y eso hice. Por suerte, nunca volvimos a hablar después de eso (y no porque él no lo intentara). Me respeto demasiado para hacer sitio a un hombre de casi treinta años que elige conscientemente engañar a su pareja estable. Mira, tío, que te jodan.

Visto en perspectiva, creo que entonces me costó entender por qué había ignorado tantas señales de alerta al principio. Le di muchísimo más tiempo en la puta cancha de lo que ese tío merecía, incluso cuando había mandado a muchos otros al banquillo por mucho menos. En ese momento, me prometí a mí misma que nunca volvería a pasar por lo mismo. Por muy estúpidos que sean los hombres misóginos, dominan el arte de mentir. Juré que nunca más me dejaría engatusar por las palabras vacías de un hombre.

* * *

Al principio, era una broma: con hombres así, prefiero morir sola. Pero cuanto más lo decía, más poderosa me parecía esa declaración. Porque era verdad: prefería quedarme en casa y hacer algo que quisiera hacer, o pasar el rato con amigas que me quieren y respetan de verdad, antes que tener una cita con un hombre horrible. Al fin y al cabo, nada te hace perder más la fe en la idea de pareja romántica heterosexual estable que el proceso de salir con hombres.

Así que entiendo cuando otra mujer viene a contarme sus problemas, porque yo también he pasado por ahí. Que no se me malinterprete, una tía dura sigue siendo una tía dura, por más veces que dude de sí misma, pero creo que ese es el sentimiento más humano que existe: la soledad. Es totalmente normal anhelar compañía y amor, y querer sentir conexión y cercanía con una pareja. Creo que empecé a darme cuenta, y es algo que aún me repito en los momentos de duda, de que hay una diferencia enorme entre sentir soledad y estar sola. La soledad no es permanente: es una emoción. Y las emociones son como las olas: suben y bajan, vienen y van. Así que por más rápido que llegara ese sentimiento, la corriente podía llevárselo fácilmente si me recordaba a mí misma: «No vivo en soledad, estoy sola. Y eso no tiene nada de malo».

Morir sola (sin una pareja romántica) es muy distinto a morir en soledad. En todo caso, suele ser lo contrario: cuando no tienes a un hombre horrible a tu lado, puedes forjar vínculos profundamente significativos con las amistades y la familia que te rodean. Ya sabes que tengo una familia fantástica y las chicas lo son todo para mí, pero el motivo por el que me encanta hacer lo que hago es que me pone en contacto con personas de todo tipo, de todos los géneros, razas y con todo tipo de experiencias vitales. Hacernos amigas de personas de todas las esferas sociales y aprender fuera de nuestra burbuja sociológica es la única manera de ampliar nuestra limitada visión del mundo y, de paso, convertirnos inherentemente en mejores personas y aliadas. A mí me ha hecho más abierta y receptiva, y me ha obligado a ser más introspectiva. Hay cierta belleza en desaprender todas las formas que ha usado el patriarcado para oprimirte y evitar que te sientas feliz por otras mujeres. De verdad creo que mantener un grupo fuerte de amigas mujeres, *femmes* o cualquier persona que no sea un hombre cisgénero y heterosexual es necesario para prosperar mental y emocionalmente en este mundo, no importa la edad que tengas.

Como seres humanos, tenemos un anhelo natural por conectarnos con otras personas. Decir que preferirías morir sola no tiene nada que ver con que eso pase en realidad. Se trata de cambiar la mentalidad para saber que puede que así sea. Recuerda: no hay nada que un hombre tema más que una mujer que sabe que no lo necesita.

Cuando miraba a mi alrededor, veía el asombroso círculo de amistades y la familia maravillosa que tenía y que me quería incondicionalmente. Y si me miraba al espejo, podía recordarme que yo misma quería a la mujer que tenía frente a mí más de lo que cualquier hombre lo haría. Eso debería bastar. Nunca deberías externalizar tu amor propio. Siempre debería provenir de tu interior. Y como nadie puede ocuparse de mí ni quererme como yo lo hago, si fuera necesario, podría seguir sola. En lo que a mí respectaba, podía morir sola, porque eso es lo que prefería hacer antes que darle mi amor a alguien que no lo mereciera. Me repetí ese mantra una y otra vez hasta que empecé a creerlo. Y cuando lo hice, el universo decidió cambiar mi rumbo y dirigirme hacia mi alma gemela (joder si lo hizo). En cuanto te das por vencida en tu intento por hallar el amor, el universo encontrará la forma de enviártelo.

* * *

Salir con mi novio, Pili, no fue en absoluto algo que yo planeara hacer. De hecho, yo estoy tan sorprendida de que hayamos terminado juntos como todos esos hombres que me odian. No porque crea que es demasiado bueno para mí (al igual), sino porque no parecía estar en nuestros planes. Fuimos juntos al instituto y fuimos amigos durante todos esos años, pero nunca tuvimos intenciones románticas. Para que te hagas una idea de cómo era, él era el único chico samoano del instituto, lo que significaba que todas las demás chicas samoanas se derretían por él. Ese desequilibrio de poder siempre me pareció muy poco atractivo. Además, las chicas samoanas no eran las únicas interesadas, les gustaba a todas. Por entonces, Pili llevaba un corte de pelo al estilo Justin Bieber, que se alisaba para conseguir el flequillo perfecto. ¿Qué puedo decir? Eran principios de los 2010 y estábamos en el sur de California, pero, aun así, podríamos decir que aún no había encontrado su estilo, dado que se peinaba como un ídolo adolescente blanco y eso le quedaba pésimo a un jugador de fútbol americano de más de un metro noventa. Me incomodaba un poco, quizás porque reconocía su inseguridad. Y, para ser sincera, hacía emerger la mía.

Ahora, cuando echamos la vista atrás, nos reímos porque admitimos que ambos creíamos que el otro era atractivo y lo reconocíamos, pero pensábamos que no funcionaría. Él era seguro de sí mismo; yo era segura de mí misma. Él era una atleta; yo también. Él era carismático; yo era igual. Él era un sabelotodo… como yo. Era casi como si supiéramos que, si nos juntáramos, algo fantástico podría ocurrir, pero no queríamos arriesgarnos a que ocurriera algo terrible. Así que no lo hicimos. Nunca fuimos nada más que amigos. Él incluso me invitó al baile del último año y yo le dije que no. Así de testaruda era. Seguimos siendo amigos, fuimos a la universidad y, de vez en cuando, comíamos juntos como si fuéramos antiguos compañeros de trabajo. Nunca pensamos que pudiera surgir algo de nuestra amistad poco seria. Pero cuando terminé la universidad y volví a casa, algo cambió.

Yo estaba haciendo todo lo posible por quedarme en Hawái. Tenía la suficiente experiencia laboral como para conseguir trabajo allí y había plantado raíces en la comunidad, pero no tuve suerte con ninguna de las oportunidades que se me presentaron para trabajar de periodista deportiva. No entendía cómo podía ser: tras mi graduación, estaba segura de cumplir todos los requisitos para ser contratada y estaba preparada para iniciar el camino hacia mis metas profesionales con mucho entusiasmo; pero ahora sé qué era lo que ocurría: el universo tenía una razón para empujarme a casa. Cuando regresé a California, Pili me escribió varias veces, pero yo lo ignoré (el motivo es algo tonto, pero, básicamente, me había dejado plantada varias veces cuando quedamos en vernos como amigos y ya no tenía ganas de más). Después de muchas excusas de mierda, ya no soporté que me dejara plantada y decidí que no necesitaba seguir viéndolo. Está claro que el universo me estaba gastando una broma, tía. Lo que sucede con Pili es que no hace nada que no quiera hacer. Así que el hecho de que siguiera insistiendo en que pasáramos tiempo juntos no era propio de él, sobre todo de la versión que recordaba del instituto. Y él sabía que lo estaba ignorando por haberme dejado colgada, así que cuando me escribió por cuarta vez, me dijo: «Sé que estás enfadada conmigo y no te culpo. Por favor, déjame que te lo compense. Si no te interesa, te dejaré en paz. Te lo prometo».

Y, por algún motivo, ese mensaje llamó mucho mi atención. Recuerdo que se lo mostré a mi madre y ella me dijo: «Suena muy arrepentido. Deberías quedar con él. Y si no te gusta, al menos habrás obtenido una comida gratis y no tendrás que volver a hablarle». Me pareció que la lógica de mi madre era sólida, así que accedí a que nos viéramos. Él pareció entusiasmarse cuando le respondí, planeó todo un día para los dos y me dijo que me recogería a una hora muy concreta. Su naturaleza proactiva me desconcertó, pero accedí.

Lo primero que noté cuando vino a mi casa ese día fue el pelo. Lo llevaba largo y recogido sobre la coronilla, de manera que se veía que llevaba un *undercut*. Incluso mi padre lo notó. «Está muy guapo». Ahora bien, si estás pensando: «Drew, ¿de verdad cambiaste de opinión sobre Pili por su pelo?», déjame que te recuerde que, primero, soy una mujer simple, ¿qué esperabas? Y segundo, hacía casi tres años que no lo veía en persona, no recordaba lo guapo que era y no quiero hablar del tema. La persona que se presentó esa tarde no era el adolescente inmaduro que yo recordaba; era un hombre adulto y evolucionado. Alguien que sabía lo que quería y no tenía que vacilar ni pensarlo dos veces antes de decidir perseguirlo. E incluso después de todo ese tiempo, él sabía que tenerme a mí en su vida era una de esas cosas no negociables.

Esa tarde nos pusimos al día con un almuerzo de por medio y, durante la conversación, me di cuenta de lo mucho que había madurado desde la última vez que lo había visto. Le apasionaba lo que había estudiado en la carrera de Sociología y ahora poseía un vocabulario académico para describir gran parte de la experiencia que compartíamos. Por ejemplo, él fue quien me enseñó una metáfora que había aprendido en la universidad para describir la interseccionalidad, algo que yo veía y de lo que era consciente, pero que nunca había podido articular con palabras. Él lo describió en términos de una clase. Las personas que están en la primera fila provienen de los sectores más privilegiados, por ejemplo, hombres blancos y cisgénero, que se encuentran frente a filas ocupadas por personas con cada vez menos oportunidades según la intersección de su identidad de género, sexualidad, raza, clase, capacidades físicas, etc., hasta llegar a las personas menos privilegiadas, de pie al fondo de la clase. Así que si te sientas en primera fila, no crees que la opresión exista, porque no la ves. Las personas que están al frente de la clase deben ser quienes reconozcan su privilegio y hagan un esfuerzo conjunto para mirar hacia atrás.

Y ya lo sé… ¿Que Pili me presentó la teoría feminista a mí? ¿Y no en forma de *mansplaining*, sino ofreciéndome un marco conceptual inteligente y claro con el que pensar sobre algo que antes me había parecido abstracto? ¡Puaj! Me encanta tanto que me dan ganas de vomitar. ¿Por qué? Entender el feminismo interseccional se convirtió en un marco conceptual fundamental para mis creencias de ahí en adelante. Es algo que nunca he perdido de vista mientras seguía reparando la relación con mi hermana y aprendiendo sobre sus experiencias y perspectivas como persona *queer*. Y es algo que siempre intento tener en cuenta en cada interacción humana que tengo.

Nos lo tomamos con calma durante los meses que siguieron y aprovechamos para volver a conocernos, pero creo que ambos entendimos ese mismo día hacia dónde íbamos. Si adelantamos seis años, aquí estamos, locamente enamorados el uno del otro y construyendo una vida juntos. Pili nunca le había escrito tantas veces a alguien sin recibir respuesta, y cuando le pregunté por qué lo había hecho conmigo, me respondió que algo le decía que, si no arreglaba nuestra relación, se arrepentiría el resto de su vida. Ahora sabe que es porque estaba destinado a enamorarse de mí (y siempre se jacta de haberlo sabido antes que yo).

Creo que el universo tiene maneras curiosas de darnos lo que queremos, no necesariamente cuando lo queremos, sino cuando estamos preparadas para recibirlo. Y no tengo ninguna duda de que encontré a mi persona porque estaba preparada para hacerlo. Mi autoestima estaba en un momento en el que, con o sin pareja, estaría bien. Tendría una vida larga, gratificante y hermosa sin importar mi situación sentimental, y como había llegado a ese estado mental, por fin estaba lista para estar con mi alma gemela. De verdad creo que ese siempre había sido el plan para mí y mis relaciones románticas.

Pili dice que una de las razones por las que se dio cuenta de que me quería fue que sabía que no lo necesitaba. No necesitaba que estuviera conmigo para conocer mi valor o ser feliz. Le permitía estar en mi vida porque lo quería mucho. Sabía que no se convertiría en mi vida, sino que la mejoraría, y el sentimiento era mutuo. Pili es alguien que me ve como soy en realidad, no como soy percibida. Fue la primera persona en mi vida en entender la persona que yo siempre he querido ser y que me esfuerzo por ser todos los días. Me hace querer ser la mejor versión de mí y viceversa, y esa sensación es maravillosa. Todos los días siento una gratitud enorme por tener a alguien que celebra todas mis facetas (incluso mi personalidad desbordante, que ahuyenta a hombres inferiores).

Él es mi igual en todos los sentidos, y yo lo soy para él. Pero lo que quiero que todas vosotras sepáis y en lo que quiero que confiéis es que no importa cuánto celebre el amor que sentimos el uno por el otro, jamás permitiré que su amor por mí supere o remplace al amor que me tengo a mí misma. No existe absolutamente nadie por quien valga la pena soltar el amor propio, y él no es la excepción. Creo que las buenas relaciones no hacen más que reflejar la relación que cada individuo debería tener consigo mismo. Antes que nada, debes creer que vales la pena, y entonces la persona indicada llegará cuando, no solo estés lista, sino preparada a nivel mental, espiritual y emocional.

*   *   *

Cuando se crece en una sociedad patriarcal, los hombres se encuentran siempre en el centro y, si quieres evitar que las creencias misóginas interiorizadas crezcan en tu interior, debes arrancarlas de raíz. Cultivar un amor propio inquebrantable es prácticamente imposible si guardas esas creencias en tu corazón. No hacen más que retenerte. Si la posibilidad de romper con un hombre mediocre no te genera ansiedad, que es lo que a menudo nos empuja a aceptar menos de lo que merecemos, te darás cuenta de que tienes más libertad para descubrirte e invertir en amistades significativas como parte del camino para convertirte en una persona más realizada y en paz con tu vida tal como es y como tú quieres que sea.

En mi caso, mis amigas de la universidad fueron las que me ayudaron a darme cuenta de lo increíblemente complejas, afectuosas y expansivas que podían ser las amistades femeninas, sobre todo en comparación con las que había cultivado con hombres. Las mujeres se entregan mucho en las relaciones que construyen entre sí. El amor, la fortaleza y el aliento que somos capaces de darnos cuando la competencia y la misoginia interiorizada dejan de perturbar el flujo energético entre nosotras son realmente mágicos.

Fue muy importante para mí encontrar mujeres inspiradoras fuera de mi familia durante los años que estuve en la universidad lejos de casa. Mi madre no dejaba de decirme todo el tiempo lo poderosa que era y lo importante que sería en el mundo, y eso me brindó una base de autoestima asombrosa, pero recibir validación de personas que no solo no están emparentadas contigo, sino que además son tus iguales, es una sensación maravillosa. Y a medida que mi círculo creció y empecé a recibir el mismo nivel de validación de otras mujeres a las que admiraba, esa experiencia me empoderó y alentó a estar presente de verdad y a hacerme notar en el mundo. Esas amistades me hicieron quien soy. Ellas fueron quienes completaron de verdad el proceso de arrancarme esa mentalidad centrada en los hombres y me dieron la oportunidad de replantar mis raíces en una base de amor, comunidad y apoyo.

No pienses en morir sola como algo temible. Debería ser solo una opción que has desbloqueado una vez que te das cuenta de que vales todo el amor y el respeto que tienes para ofrecer al mundo. Un hombre indigno jamás te ofrecerá eso y tú no necesitas estar con alguien así solo porque temes estar sola. Es empoderador saber que puedes enfrentarte a esta vida como un agente libre, rodeada de personas que te quieren de verdad, en lugar de con un hombre a quien no le importas una mierda, y que (de ser necesario) lo harás.

Mereces ser una prioridad. ¿Cómo puedes priorizar a otra persona en una relación romántica antes que tus propios pensamientos, sentimientos y objetivos? Siempre deberías quererte lo suficiente para esperar lo mejor y no dejar que la voz del patriarcado te convenza de lo contrario. El conformismo es una herramienta forjada por los peores hombres del mundo, cuyo único objetivo es cortarte las alas. Quieren bajarte los humos para que no te des cuenta de lo increíblemente especial que eres, porque ¿sabes qué ocurriría si lo hicieras? Esos hombres serían los que terminarían muriendo solos, pero no por voluntad propia (como corresponde).

Aprender a quererte a ti misma, y hablo de quererte de verdad, no es nada fácil. De hecho, puede que sea una de las cosas más difíciles que tengas que hacer en tu vida. Pero mira, solo hay una persona con la que estarás desde el momento que naces hasta el momento que mueres: tú. Date una oportunidad.

7. Neutralidad corporal

Quiero comenzar este capítulo diciendo que no soy experta en el cuerpo de nadie más que en el mío. El tema de nuestro cuerpo y el valor o la importancia que tiene es algo de lo que las mujeres y *femmes* tomamos conciencia alarmantemente temprano en nuestra vida. Se nos condiciona para que creamos que existe un estándar que los hombres aceptan como atractivo y que cualquier cosa fuera de eso es «mala» o «fea».

Esto puede deberse a muchísimas razones porque, como bien sabemos, la lista de cosas que una mujer no debería ser, tener o hacer es infinita. Sé delgada, pero no demasiado. Ten pechos grandes, pero Dios te libre de lucirlos. Ejercita tu cuerpo en el gimnasio, pero no mucho, porque eso es «de hombres». Sé graciosa, pero nunca más que tu pareja masculina. Sé extrovertida, pero no mucho, o parecerás desesperada por recibir atención. La lista sigue... y sigue... y sigue.

A menudo me preguntan sobre el mundo de las citas, especialmente sobre cómo afrontarlo siendo una chica «grande». Muchas mujeres y *femmes* a las que les atraen los hombres quieren saber cómo lidiar con sus posibles amantes, y eso es algo con lo que me siento muy identificada, ya que nunca fui tan consciente de mi cuerpo ni de cómo era percibido o valorado como cuando empecé a salir con gente al final de mi adolescencia o a los veintipocos. Lo cierto es que, la experiencia de tener citas como mujer alta, corpulenta y de tez marrón es muy diferente a la que tienen las mujeres blancas y delgadas, que suele retratarse más a menudo en la cultura popular, desde películas para adolescentes hasta programas de telerrealidad, y no tardé en darme cuenta de que mi cuerpo, y también mis pensamientos y opiniones, se juzgaban de forma muy diferente en comparación con los de otras mujeres que encajaban en los limitados estándares de belleza de nuestra cultura.

Pero esa voz que oyes en tu cabeza y te dice que «no mereces» el amor o el apoyo de un compañero romántico porque tu cuerpo o tu rostro no encajan en una caja arbitraria y eurocéntrica creada por hombres intolerantes no es más que misoginia interiorizada. Es una herramienta siniestra que ha sido implantada en nuestro cerebro y nuestras creencias. Desde el momento en el que alcanzamos la conciencia sexual, se nos da a entender que la validación de los hombres es un capital social muy valioso. Por imposible que parezca, debemos trabajar ardua e incesantemente para expulsar esa creencia de nuestra mentalidad. Una de las formas de luz de gas más normalizadas por el patriarcado es que la validación masculina es lo único que importa en la vida. Que todas las mujeres/*femmes* deberían aspirar a ella, porque ¿de qué vale la vida si no recibes el sello de aprobación de un hombre?

Porque, aunque no lo creas, la reacción contraria de los tíos que expresaron su entusiasmo por haber encontrado una chica «corpulenta» no me hizo sentir mejor en absoluto. Hizo que sintiera que no importaba lo polifacética e inteligente que me creyera como persona, la mayoría de los hombres eran incapaces de ver más allá de mis atributos físicos. Y esa es una sensación completamente deshumanizante. Da asco sentir que no eres más que un conjunto de partes del cuerpo, un maniquí cuyo único objetivo es ser devorado con los ojos y ser cosificado, nunca un ser humano real con pensamientos y un mundo interior, y es una lástima que ese sentimiento no solo sea algo que muchas de nosotras hemos tenido que soportar, sino que también lo hemos normalizado. Personalmente, desearía que dejáramos de comentar la apariencia física de los demás. Todas las personas merecen sentirse a gusto en su cuerpo, incluso querer a su cuerpo, pero han hecho que lograrlo sea un infierno, joder.

* * *

Cuando todavía estaba en el instituto, aumentaron repentinamente los mensajes sobre la positividad corporal, o *body positivity*. Hablo de los inicios de Instagram en 2012, cuando la cultura de los *influencers* todavía estaba en pañales y la aplicación nos enseñó a todos cómo quedaban nuestras fotos si les aplicábamos docenas de filtros cuya única función era, esencialmente, difuminar las imperfecciones y disimular la realidad para que la vida pareciera un poco de ensueño. Sin embargo, al mismo tiempo, la plataforma hacía posible que el movimiento de positividad corporal, que había sabido ser una iniciativa relativamente alternativa y de base, llegara a las masas. Todo esto a través de etiquetas, las más populares de las cuales eran #bodypositive y #bodypositivity.

Fue bastante asombroso ver, en los inicios de este movimiento, cómo mujeres negras y otras mujeres racializadas hablaban de forma directa sobre la lucha contra la gordofobia y la manera en la que la sociedad trata a las mujeres gordas y de talla grande, y cómo amaban su cuerpo abierta y radicalmente, a pesar de lo que el mundo racista y patriarcal les decía que era «aceptable». Sin embargo, por más que en las redes sociales fuera algo nuevo enseñar cuerpos que no fueran sobre todo delgados, poco a poco, el movimiento comenzó a centrarse en las mujeres blancas, delgadas o de talla media que encajaban en el estándar elevado de la belleza convencional (más allá del tamaño) y modelos profesionales (para quienes «talla grande» puede describir a cualquiera con una talla por encima de la «mediana»). De hecho, un estudio cuyo objetivo era analizar si las dos etiquetas más populares del movimiento de positividad corporal realmente cumplían con el objetivo inicial halló que las publicaciones más populares vinculadas con esas etiquetas en realidad no se desviaban en absoluto de los estándares hegemónicos de belleza de los medios populares, lo que frustraba el propósito de la campaña.

Cuando los expertos en *marketing* y los publicistas detectaron este cambio de imagen del feminismo para la era digital, no tardaron en adoptarlo con el objetivo de vender sus productos. Durante décadas, esas marcas habían tentado a las jóvenes con sus imágenes de adolescentes imposiblemente delgadas y casi exclusivamente correspondientes a la idea más tradicional de cómo es una mujer estadounidense, lo que había provocado grandes cantidades de crisis dentro de los probadores a adolescentes que compraban en sus tiendas, sin mencionar a las personas de talla grande que ni siquiera tenían la posibilidad de comprar allí, porque no había tallas para ellas. Rápidamente, las marcas comenzaron a alardear de su amplia variedad de tamaños o a usar modelos de talla grande en sus campañas, por más que las modelos siguieran encajando dentro de los estándares de belleza blanca. Aunque era un cambio pendiente desde hacía tiempo, no tardó en apropiarse de la intención original del movimiento para vendernos más cosas de marcas que siempre nos habían hecho sentir excluidas.

Al final, parece que hizo más daño que otra cosa. Lo que había sido un espacio para que quienes vivían al margen vieran cuerpos como el suyo representados y vieran sobre todo a otras personas como ellas recibir amor, ser felices y tener vidas realizadas, ahora estaba siendo arrasado por mujeres que nunca habían sabido de verdad qué significa ser gorda o de talla grande en este mundo violentamente vitriólico.

¿Y acaso fue una sorpresa que las marcas de lencería y cremas quisieran participar de la positividad corporal siempre y cuando estuviera de moda, pero sin hacer mucho para defender los cuerpos a los que pagaban para representarlas? A pesar de todos los errores y deficiencias que terminaron surgiendo, todavía había una enorme cantidad de estudios que demostraban que el acceso a afirmaciones positivas sobre la imagen personal resultaban en una disminución de la ansiedad y la depresión, sobre todo entre mujeres/*femmes* jóvenes, pero la gordofobia seguía existiendo en artículos y coberturas mediáticas tanto de medios conservadores como de revistas científicas que insistían en que el movimiento alentaba hábitos de vida poco saludables —como si las campañas publicitarias editorializadas ofrecieran algún tipo de conocimiento sobre las vidas personales de los sujetos— y contribuía a la crisis de obesidad. ¿Y qué hay de los anuncios de refrescos, dulces, alcohol y comida rápida? Con eso jamás hubo ningún problema. ¿Pero los de cremas corporales con modelos de talla grande? Eso les pareció «irresponsable». Lamentablemente, no es ninguna sorpresa que a nuestra sociedad capitalista le aterre aceptar mensajes que hagan que las personas se sientan comprendidas y representadas. Después de todo, si no pueden hacer que siempre estemos aspirando a algo, ¿cómo van a lograr que sigamos comprando?

Esta realidad siempre me aleja del impulso de tener pensamientos negativos o positivos sobre mi cuerpo y hace que me esfuerce por alcanzar un estado de neutralidad corporal. Para llegar a la neutralidad corporal hay que recorrer un camino que implica una enorme cantidad de análisis y desaprendizaje. Se trata de creer que simplemente puedes aceptar tu apariencia física. Que tu forma no es ni buena ni mala, sino simplemente un contenedor que te permite moverte y existir en el mundo. Lo único que sientes por tu cuerpo es agradecimiento por lo que hace todos los días para mantenerte con vida. Yo prefiero este abordaje de mi apariencia física, porque quiero poder apreciar lo que mi cuerpo hace por mí y nada más. Quiero encarnar la idea de que es más que suficiente que mi cuerpo simplemente me permita ser feliz y prosperar.

La verdadera libertad de la neutralidad corporal proviene del espacio mental que libera. Cuando soltamos todo el estrés y la atención relacionados con nuestro aspecto, podemos hacer sitio para muchas otras cosas. ¿Por qué deberíamos asignarle tanto valor personal a nuestra apariencia y nuestro cuerpo cuando poseemos muchas más dimensiones de las que se ven desde fuera? Esto no significa que no me enorgullezca de mi apariencia, pero, más que cualquier otra cosa, lo que intento creer y representar en mi recorrido hacia la neutralidad corporal es la idea de que el contenedor no vale de nada si el contenido está podrido.

Y, oye, yo no voy a decirte que no tienes derecho a querer verte de alguna manera en concreto. Es obvio que mis uñas no crecen ellas solas, y tampoco temo hacer buen uso de mi poder como consumidora. Lo que quiero decir es que no está bien que ninguna de nosotras dedique una agobiante cantidad de tiempo o energía a intentar cultivar la imagen que creemos que tendrá un efecto positivo sobre cómo el patriarcado percibe nuestro cuerpo. Los hombres horribles no merecen eso y jamás lo merecerán.

* * *

La lente mediante la cual aprendemos a mirarnos suele ser masculina, pero, en realidad, nadie nace sabiendo eso. De niña, no me preocupaba nada mi forma física. Lo único que hacía era moverme. A la hora del patio, lo daba todo y sudaba y me ensuciaba con los demás niños. A esa edad, ya era fuerte y atlética, y, gracias a mi candidez natural, mi primera época de neutralidad corporal programada de fábrica me duró mucho más de lo que le suele durar a la gente, algo que entendí mucho más tarde que había sido toda una bendición. No tenía ninguna opinión sobre mi peso ni mi apariencia, solo sabía que era la mejor. Ninguno de los atributos que me hacían sentir segura de mí misma tenían nada que ver con mi aspecto externo. Qué regalo no sentir el peso de las opiniones de hombres que jamás tendrán un efecto positivo en mi vida.

Cuando me acerqué a la pubertad, comenzó a filtrarse en mí la idea de que mi cuerpo podía ser un factor a la hora de ser valorada socialmente. Durante el verano entre séptimo y octavo grado, crecí diez centímetros y pasé de medir un metro sesenta y dos a un metro setenta y dos. Luego, un día, cuando estaba en el coche volviendo a casa del entrenamiento de fútbol, donde jugaba con un equipo que, aparte de mí, estaba compuesto en su totalidad por niñas blancas y pequeñas, le comenté a mi madre de pasada que había días en los que me gustaría parecerme más a mi mejor amiga de entonces (una rubia dulce que, por cierto, sigue siendo una de las chicas más amables que jamás he conocido). Mi madre respondió de inmediato, de forma directa pero suave.

—Voy a decirte algo que puede sonar cruel —comenzó—, pero que no lo es. Tú jamás vas a parecerte a ella.

Así era mi madre. Ella siempre se ponía a nuestro nivel y nos explicaba las cosas de forma que fueran fáciles de digerir. Nunca nos hablaba como si fuéramos tontos ni se andaba con rodeos. Creo que ese es uno de los motivos por el que seguimos tan unidas hoy en día. Esa fue la primera vez que tuvimos una conversación sobre mi cuerpo y ella fue firme.

—No todo el mundo debe tener el mismo aspecto. Todos somos diferentes porque venimos de familias diferentes y la realidad es que tú eres samoana y eres mucho más grande que la mayoría de las chicas. Pero eso no es malo. Un día te encantará ser exactamente como eres.

Sabía que yo lo pasaba mal con mi altura, más que nada porque no conocía a ninguna chica que fuera tan alta como yo y, a medida que crecía, cada vez destacaba más. A mí entonces me confundió un poco su intento de añadir algo de sentido común a mi mundo de ilusiones, y me convencí de que se equivocaba. Pensando en voz alta, murmuré:

—Quizás podría bajar de peso.

—Pero ¿deberías? —me preguntó—. ¿Crees que lo necesitas? Que puedas hacer algo no significa que debas hacerlo.

«Que sí, que vale. ¡No te enteras de nada!», pensé mientras mi inconsciente dejaba que su sabiduría se mudara a la mejor *suite* de mi memoria para siempre.

Al echar la vista atrás, siento una gratitud infinita por haber tenido esa conversación. Escuchar a esa edad, cuando era tan influenciable, que mi cuerpo no tenía que ser como el de los demás y que no había nada malo en ello, parece demasiado simple como para ser revolucionario, pero lo fue. Mi cuerpo no era malo por no ser igual que el de mis compañeras blancas y no pasaba nada. De hecho, ¡era motivo de celebración! Jamás olvido lo que esa conversación hizo por mí y mi forma de pensar hace tantos años.

Luego, en mi primer año de instituto, me desgarré el ligamento cruzado anterior durante un partido y tuve que ir al hospital para una cirugía reconstructiva importante en la rodilla. El médico echó un vistazo a mis radiografías y me comunicó buenas noticias (en mi opinión): mis cartílagos de crecimiento estaban prácticamente cerrados, lo que significaba que había terminado de crecer. ¡Por fin! A mis catorce años y con mi metro setenta y cinco (había crecido unos centímetros más antes de empezar el instituto, ¿en serio?), yo estaba loca de contenta, como flotando. Hasta le pedí que me reconfirmara que no iba a seguir creciendo. Aunque había tenido más conversaciones con mi madre sobre celebrar la diferencia de mi cuerpo, no dejaba de ser una chica de instituto, vulnerable a la constante validación masculina y los comportamientos de las *pick me girls* que me rodeaban a esa edad, así que cuando supe que había una posibilidad de no seguir creciendo en altura, me entusiasmé. Ya no me sentiría tan insegura por ser más alta que todos los chicos de mi insti ni por alzarme por encima de todas las chicas con las que salía o hacía deporte. El doctor confirmó que eso era todo. Ya no crecería más.

Y adivina qué, tía. Durante los tres años siguientes, crecí casi ocho centímetros más. Menuda mierda. Yo estaba muy desanimada. A esa edad y en ese período de mi vida, los chicos que iban a mi instituto, aunque eran inseguros y pequeños, no dejaban de recordarme que yo les gustaría si «no fuera tan alta». Desde luego, teniendo en cuenta cómo soy con los hombres, una amenaza, yo ignoraba esos comentarios y les respondía con la misma crueldad. Decía que no me importaba lo que dijeran porque estaba claro que ellos tenían mala genética y yo no. Pero como mujer joven rodeada de hormonas y dramas adolescentes de instituto, mentiría si dijera que esos comentarios no me molestaban. Deseaba dejar de crecer constantemente o, incluso mejor, encogerme, porque la sociedad me había convencido de que, como no encajaba dentro de la caja de los distorsionados estándares de belleza, ningún hombre se vería atraído por mí. «Si dejo de crecer, ellos me alcanzarán y todo será más fácil», me decía.

Por aquel entonces, no sabía ni la mitad de lo que sé ahora. Puede que me desesperara por dejar de crecer en altura, pero, a nivel emocional, todavía me quedaba mucho. No había ningún aspecto, ni físico, ni mental, ni espiritual que yo tuviera que cambiar para ser más atractiva para los hombres.

La meta del patriarcado es que quieras encogerte y esconderte, tanto en lo físico como en lo emocional. Quiere que te pongas nerviosa al pensar en lo que podría pasar si no lo haces. «¿Y si operar al cien por cien de mi capacidad tiene un impacto negativo en la gente, y si eso molesta y, por extensión, todos se enfadan conmigo?». Mi experiencia adolescente consistió en sentir que había una parte de mí que debía contener, que ser yo en mi totalidad era demasiado y eso alienaría a cuantos me rodeaban, pero sobre todo a los hombres. Porque, en definitiva, los hombres son los que siempre dirigen el relato y dictaminan: «Bueno, me gustarías más si fueras... menos».

Estos sentimientos y ansiedades empezaron a culminar al principio de mi primer año en la Universidad de Hawái. La universidad es el lugar perfecto para meter los pies en el agua de la adultez sin tener que experimentarla de lleno, pero yo enseguida noté cómo percibían y trataban los hombres a las mujeres blancas de mi grupo de amigas y lo distinta que era su forma de acercarse y hablar conmigo. Todas éramos extrovertidas y animadas, pero yo no era aceptada ni recibida como un posible interés romántico igual que las chicas blancas del grupo. Al principio, supuse que debía de ser culpa mía, así que hice lo posible por bajar el tono (significara lo que significase ese «tono»). Estaba segura de que no me trataban igual que a mis amigas blancas por mi afinidad por «lo excesivo» y esa creencia pesaba sobre mis hombros. Me sentía culpable por no ser capaz de contenerme y, a la vez, frustrada por tener que hacerlo. A decir verdad, me estaba haciendo un daño enorme al reprimir quién era para favorecer cómo quería ser percibida, sobre todo por los hombres. Lamentablemente, esa conciencia de cómo nos ve la sociedad atormenta a la mayoría de las mujeres y *femmes*, que se ven forzadas a elegir todos los días entre ser ellas mismas y obtener la aprobación masculina.

Este dilema nunca estuvo tan claro para mí como durante una conversación que tuve sobre el tema de las citas con un tío al que conocía, que casualmente era blanco.

—¿Tú qué prefieres? —preguntó.

—¿En cuanto a la apariencia? La verdad es que me da igual —respondí—. Diría que el mínimo sería alguien que no sea horrible y que sea algo gracioso, aunque lo cierto es que no veo a muchos que cumplan siquiera con esos requisitos ahora mismo.

—Voy a ser sincero contigo, Drew —comenzó—. Si te viera desde fuera y estuvieras con otras amigas que no tuvieran el mismo aspecto que tú, probablemente me acercaría a ellas primero, porque tú me intimidas. Me das un poco de miedo. Así que elegiría lo que me resulta conocido y con lo que estoy cómodo, en lugar de correr el riesgo de hablar contigo.

—¿Porque te doy miedo? —pregunté para confirmar—. Vale…

Bueno, al menos fue sincero. No pretendía ser un cretino, y por más que lo que dijo me enfadó, escucharlo expresar la pura realidad de la situación también fue una curiosa validación. Porque eso hizo que me diera cuenta de que el tema nunca había sido si yo era o no «demasiado» para esos hombres pequeños e indignos. Ellos no eran suficiente para mí. Los hombres que se dejan intimidar con facilidad por mi complexión, mi personalidad, mi risa o CUALQUIER otra parte de mí que me hace única no tenían lo necesario. Entonces, ¿por qué me preocupaba tanto?

Desde luego, no podía ignorar que mi raza tenía un papel en la valoración de ese hombre blanco, así como el hecho de que, físicamente, soy jodidamente grande. Pero esa fue la primera vez que alguien admitió que mi aspecto me masculinizaba. Y aun así, yo no estaba enfadada ni molesta por lo que me había dicho. Solo sentí indiferencia. ¿Por qué? Porque él no me atraía… nada. De hecho, la opinión que él tuviera de mí no me importaba en absoluto.

Después de muchas más interacciones así, por fin entendí que preocuparme por lo que les gusta a los hombres mediocres o lo que quieren no es mi problema ni mi responsabilidad. Empecé a comprender de verdad lo fuera de mi control que estaba todo el juego de las citas en ciertos aspectos. Esos estándares extraños que se me imponían eran misóginos no solo para las mujeres y *femmes* grandes como yo, sino también para las muchas otras mujeres y *femmes* que solo interesaban a los hombres por ser pequeñas y dar la impresión de ser más vulnerables (lo que añade una nueva capa de repugnancia y malicia). Para los hombres, yo jamás sería lo que ellos considerarían la opción «fácil». Así que decidí ser la peor a propósito. Si esos tíos solo nos iban a juzgar en términos de quién es «abordable» y quién es «intimidante», entonces yo iba a sentirme como me diera la santa gana con mi cuerpo y mi apariencia en general. Porque si hay algo que no haré es depositar toda mi valía en las manos inútiles de un hombre que se siente «intimidado» con facilidad por mujeres que no encajan en los estándares de belleza dañinos e intolerantes. El estrés al que me había sometido para gustarles ya no era viable y ya no iba a hacerme daño.

* * *

La raíz de nuestro miedo a ser más grandes que los hombres (tanto física como metafóricamente) descansa sobre la idea de que eso los hará sentirse menos hombres, pero es un error pensar que eso es problema de las mujeres. De hecho, creo que la idea de que una mujer puede hacer que un hombre se sienta «menos hombre» por ser más grande que él es una falacia. No puedes hacer que se sienta inferior a menos que su poder proceda de ser más fuerte que tu (en el sentido que sea). La mirada masculina nos convence de que solo deberíamos valorarnos mediante la lente estrecha (y a menudo racista/gordófoba/capacitista) de lo que es atractivo para los hombres, cuando, en realidad, nuestros cuerpos son obras de arte individuales. Cada una de nosotras abarca y contiene una energía palpable y divina que merece celebrarse en nuestros propios términos.

Ahora debo ser sincera y admitir que no siempre me encanta mi aspecto. Y no pasa nada. Porque incluso los días que no me siento supersegura, o que noto que los estándares de belleza de la sociedad me están pateando el culo, me recuerdo que soy más que mi apariencia. Me pregunto: ¿soy una buena persona? ¿Estoy haciendo cosas que me enorgullecen? ¿Estoy cuidando a las personas que me importan? Si la respuesta a todas esas preguntas sigue siendo sí, eso me ayuda a centrarme. Soy decididamente neutral sobre mi cuerpo, y esa es una parte de mí en la que sigo teniendo que trabajar a diario. Me recito afirmaciones positivas constantemente, pero lo más importante es que me aseguro de que no tengan nada que ver con mi apariencia. La decisión de aceptar así la percepción de mi propio cuerpo, sin odiarlo ni alabarlo, sino hallando un punto medio en el que simplemente pueda valorarlo incondicionalmente y reconocer la suerte que tengo en este momento de estar sana y ser físicamente capaz, me permite eliminar la apariencia física como factor para la valoración que tengo de mí misma. Al mismo tiempo, esto me ha permitido centrarme en otras áreas de mi vida con mayor impacto y más importancia para mí. Como ser una buena persona, estar presente para mi comunidad y apoyar a mis seres queridos en todo lo que pueda. Ah, y eso sin mencionar que lidero una marca exitosa y busco oportunidades de negocio asombrosas que creí que solo existían en mis sueños. Como escribir este libro.

Gran parte de mi seguridad y empoderamiento nace de cómo me hablo a mí misma, y me parece demasiado arriesgado poner la relación que tengo con mi cuerpo en el centro cuando existe solo una ventana pequeña dentro de la que cualquiera de nosotras nos sentimos del todo a gusto con nuestra apariencia. No quiero tener cuarenta y cinco años y desear tener el mismo aspecto que a los treinta y cinco o a los veinticinco. No importa la cantidad de tiempo, esfuerzo y dinero que gastes intentando conseguir curvas perfectas, piel impoluta o cualquiera que sea el estándar de belleza de moda, todas envejeceremos y nuestro cuerpo cambiará. Y esa es la cruda realidad. Cuando el médico examinó mis cartílagos de crecimiento a los catorce años, creí que ya estaba decidido que viviría el resto de mi vida como una mujer de un metro setenta y cinco, pero ¿quién iba a saberlo? Siempre estuve destinada a ser la tía dura de metro ochenta y tres que soy. Aún no tengo idea de qué le deparará el año que viene a mi cuerpo, por no hablar de la próxima década. Lo único que sé es que lo cuidaré, lo respetaré y daré gracias por él, tanto como pueda y durante todo el tiempo que pueda.

Y, claro, me gusta el *glamour*. Me obsesionan las prendas de vestir. Y también voy al gimnasio varias veces por semana. Pero, para mí, eso es solo una cuestión de mantenimiento físico y mental. El noventa y nueve por ciento del tiempo, mi diálogo interno y el juicio de mi carácter no tiene nada que ver con mi apariencia. Me esfuerzo por alcanzar la neutralidad corporal y, al concentrarme en eso, desvío mi atención de mi aspecto para ser libre de priorizar los deseos que se encuentran en mi corazón y mente.

Todas tenemos la capacidad de hacer esto. A menudo pienso que las personas no se dan cuenta de lo importante que son en realidad las palabras que se dicen dentro de la cabeza. Pregúntate: ¿qué cosa positiva me digo constantemente cuando me miro al espejo todos los días?

No importa si no llevas nada de maquillaje o toda la cara cubierta, si has conseguido una oportunidad estupenda o cometido un error, si has causado una buena primera impresión o dicho algo vergonzoso, el principal indicador de en qué punto de tu viaje de autoaceptación te encuentras es la relación que tienes contigo. Tus palabras son muy poderosas: pueden inspirarte y motivarte o hacerte pedazos con o sin la ayuda de todas las demás fuerzas externas que ya te afectan.

* * *

La belleza es subjetiva. No es igual para todos. Cada cual tiene una idea diferente de lo que le parece atractivo, y que alguien se crea con derecho a comentar los gustos de los demás o a determinar quién es o no atractivo cuando nadie le ha pedido su opinión me parecen conductas desquiciadas. La atracción no tiene límites y va más allá de la superficie. Cuando encuentres lo que buscas, esa persona te parecerá atractiva las veinticuatro horas del día, recién levantada o con la cara cubierta de maquillaje antes de salir de fiesta. Así es el amor bien cimentado, cariño. Y las únicas personas que no opinan así son quienes se creen que presiden el tribunal de «quién es atractivo y quién no». Lo que son esas personas es inseguras y, sobre todo a los hombres inseguros, les encanta mirar parejas felices y señalar, sin mediar provocación, si alguno de los miembros de la pareja no les parece convencionalmente «atractivo», y, seamos sinceras, suelen referirse a la mujer. Se sorprenden mucho siempre que ven que una mujer que opinan que no encaja en el ideal patriarcal de atractivo recibe atención romántica. Lamentablemente, esto es algo que me he encontrado a menudo, al ser una persona con una plataforma en internet que resulta que tiene una relación seria a largo plazo con un hombre que es el prototipo de macho alfa.

¿Por qué todos esos hombres mediocres de internet sienten la necesidad de comentar mi aspecto físico? Porque están obsesionados con esos estándares que los medios presentan como indicadores de quién merece dar y recibir amor e intimidad física. Lo creas o no, si eres una mujer o *femme* con un cerebro propio que funciona fuera de los muros de la validación masculina y te haces valer a ti o a otras personas, lo más probable es que los hombres misóginos crean que eres tremendamente poco atractiva. Es la historia más vieja que existe. De ahí proviene todo el odio que los hombres sienten hacia mí: les confunde profundamente que una mujer independiente, que dice lo que piensa y opina, esté profundamente enamorada de un hombre que la ama. Y sí, mi novio es muy atractivo, objetivamente, al menos según los estándares de nuestra sociedad:

es alto, moreno y apuesto. Pero no estoy con él por eso. Estoy con él porque es bueno, se preocupa por su madre y su hermano, cuida de los animales y es un verdadero aliado interseccional en todos los sentidos. Todo eso es mucho más importante para mí que el hecho de que sea guapo; eso solo es un extra.

Las mujeres quieren algo más que unos buenos pectorales y abdominales dignos de Hércules. Esos idiotas de internet creen que la clave para conseguir una mujer se basa en ir al gimnasio los siete días de la semana y seguir una dieta a base de batidos de proteínas y pechugas de pollo. Insistir en hacer pesas todos los días, en lugar de trabajarse el interior no los hace más atractivos para las mujeres ni las predispone a ellas a mirarlos de otro modo. Lo único que hace es distraer a esos hombres para no tener que mirar hacia dentro y hacer todo el trabajo mental y emocional necesario para convertirse en seres humanos empáticos e interesantes.

La masculinidad tóxica también hace que los hombres a quienes atraen personas de cualquier forma y tamaño se avergüencen y crean que necesitan ceñirse a lo que suponen que es aceptable y atractivo para los demás hombres. Tratan a sus parejas sobre todo como una forma de mejorar su estatus ante la mirada de otros hombres, y esto casi siempre implica ideas aborrecibles relacionadas con el racismo, la transfobia y la gordofobia. A los hombres misóginos les encanta idolatrarse entre sí, y lo trágico es que esa actividad puede pasar por encima de conseguir cualquier tipo de conexión verdadera con las mujeres, ya sea platónica o romántica. Es horrible, de verdad, pero ¿en serio quieres perder el tiempo con un tío que solo intenta salir contigo para conseguir la aprobación de sus colegas del colegio? No puedes respetar a una persona que no tiene la seguridad suficiente para respetar sus propios gustos (y que, en lugar de eso, cree que su habilidad para impresionar a otros hombres es sinónimo de tener éxito con las mujeres). La ironía más cruel es que los hombres que me odian no se dan cuenta de que el patriarcado también los tiene atrapados a ellos. Si decidieran luchar a nuestro lado para desaprender y desentrañar toda esa misoginia interiorizada, ellos también podrían ser libres.

*   *   *

Últimamente, en los rincones oscuros de internet, donde me llaman para que patrulle cuando huelen algo fétido que proviene de los intolerantes que allí se encuentran, he descubierto hombres que se hacen llamar por un nombre nuevo: hombres de alto valor. Son básicamente misóginos que dicen estar comprometidos con el principal mandato evolutivo masculino.

Estos hombres se han encontrado mutuamente en línea y se han unido, convencidos de que el hecho de que las mujeres/*femmes* hayan descubierto su autonomía se traduce, de alguna manera, en opresión para ellos. Supongo que esta defensa mal concebida y reaccionaria ha ido tomando forma desde los albores del movimiento feminista, pero cuando empiezan a usar el término complementario «mujer de poco valor» para referirse a las mujeres que «no merecen» a los hombres de alto valor por ser independientes o negarse a «someterse», es cuando pierdo la cabeza. Nada de lo que predican se basa en ningún hecho o realidad y, en el mejor de los casos, es pura pseudociencia. La masculinidad, la femineidad y el género tal como lo conocemos son invenciones del hombre, derivados de la colonización y la religión, que se han inculcado en nuestra cultura para que las personas que se crían en sociedad aprendan a odiarse si osan dar un paso fuera del binarismo de género creado a tal efecto y que nos ha sido impuesto.

El capitalismo también da forma y se alimenta de esa ideología. Cuando estamos tristes y nos asaltan nuestras inseguridades, es más probable que compremos cosas que creemos que pueden cambiar nuestra vida y hacernos sentir mucho mejor. Pero hasta las cosas que compramos para consolarnos y hacernos sentir mejor, los caprichos que nos damos, por así decirlo, se pueden pensar en términos de género, por eso comprar prendas de vestir suele presentarse como un placer culpable de las mujeres, mientras que el de los hombres es comprar tecnología.

¿Para quiénes estamos actuando cuando elegimos qué vestir, cómo peinarnos o cómo maquillarnos? Nuestras percepciones se ven fuertemente influidas por las complejidades de la misoginia, desde la gordofobia interiorizada hasta la tendencia a tildar de zorras a ciertas mujeres, y es importante reconocer y señalar todo eso como lo que realmente es. Hay infinitas oportunidades de permitir que los mensajes dañinos lleguen a nosotras si no somos diligentes en nuestro intento por mantener las opiniones patriarcales fuera y nos esforzamos constantemente por desaprender todos nuestros sesgos interiorizados. La meta nunca debería ser dedicar tiempo, energía y dinero a intentar encajar en esos estándares estrechos y eurocéntricos a expensas de la celebración de cada faceta que nos hace únicas. Cuando te aceptas de verdad, no con una seguridad exagerada y arrogante, sino con el compromiso diario de tratarte como si valieras mucho y merecieras la pena (porque así es), descubres una fuente inagotable de fuerza. Cuando te das permiso para amar quien eres y tu apariencia, sin temor a las opiniones y el rechazo de hombres mediocres, es cuando empiezas a vivir de verdad y a disfrutar de la vida en lugar de solo existir.

Vivimos en un mundo repleto de humillación corporal, y la severidad de lo que implica esa discriminación concreta en el mundo real puede verse en todos lados. Por ejemplo, la gordofobia está arraigada en toda clase de sistemas de opresión en todo el mundo. Nuestra sociedad es inmensamente gordófoba, desde la forma en la que los sistemas de salud se ocupan (o no se ocupan) de las personas gordas hasta los ciclos infinitos de dietas de moda y programas para perder peso dirigidos a mujeres y *femmes*. Nos celebran siempre que adelgazamos, da igual lo que esa reducción de peso diga sobre nuestra salud. Me entristece decirlo, pero es una experiencia universal.

Lo más probable es que no haya ninguna persona de más de dieciocho años que esté leyendo este libro y que haya tenido alguna fluctuación de peso que no haya experimentado la triste realidad sobre cómo nos trata y nos recompensa la sociedad cuando perdemos peso, ya sea o no queriendo, y reaparecemos en espacios que solíamos ocupar, pero siendo más pequeñas de lo que solíamos ser. A nadie le importa si has estado entrenando para una maratón o si has pillado una tenia. El resultado y los comentarios son los mismos. Es unánime: «¡Estás estupenda!».

Las mujeres y *femmes* siempre reciben halagos cuando se percibe que están más delgadas, sin importar las consecuencias obvias e increíblemente peligrosas. Por otro lado, cuando subimos de peso, siempre se señala con preocupación o como un indicio de que nuestra salud está en declive. Es asombroso cómo lava el cerebro la gordofobia, incluso a personas con las mejores intenciones, para que se crean médicas en cuanto ven que alguien ha subido mucho de peso. Al parecer, nadie obtiene el título de médico o nutricionista más rápido que una persona gordófoba que acaba de darse cuenta de que has subido de peso. Y da igual el motivo de ese aumento, jamás debería ser algo que la sociedad use para tratarte como una mierda. El funcionamiento interno de la salud física y mental de alguien no es algo que los desconocidos tengan derecho a conocer, y jamás lo tendrán en mi espacio.

Todas merecemos algo mucho mejor que esto y el peso nunca debería definirnos. Los cuerpos fluctúan, así que debes ser firme. Nunca permitas que este mundo patriarcal te felicite por ocupar menos espacio.

* * *

La neutralidad corporal es una práctica, y una práctica constante. Son demasiadas las conversaciones entre mujeres/*femmes* sobre el propio cuerpo que nacen de la compasión o del consuelo forzado. ¿Cuántas veces hemos oído a nuestra mejor amiga preocuparse por «estar gorda»? ¿O porque sus dientes, su nariz, sus muslos o lo que sea parecen ser la verdadera raíz de todos sus problemas, lo que evita que desarrolle la seguridad que quiere y consiga a la pareja que desearía? Ahora más que nunca, debemos recordar que nuestro cuerpo no es el enemigo. No ha sido hecho para encajar o ajustarse a un conjunto de parámetros arbitrarios. La cultura moderna en la era de los filtros y las aplicaciones de edición de fotos como Facetune, así como la era previa de los muslos separados y los desfiles de Victoria's Secret o la era de la glorificación de la delgadez extrema y las dietas líquidas antes de eso, quiere que nos sintamos inseguras para lucrarse con nosotras. Seguir por ese camino no solo es inútil, sino que no tiene ningún valor. Al final verás la verdad, que es la siguiente: jamás serás suficiente. Así que mi recomendación es abandonar ese camino y abrir uno nuevo. Uno lleno de paciencia, amor y empatía. Porque eso es lo que mereces.

Hoy en día, intento creer que mi cuerpo no es nada más que un caparazón que contiene las partes más importantes de mí como ser humano. No tiene una carga ni negativa ni positiva. Me guste o no, simplemente es como es. Y eso es más que suficiente. Históricamente, la mirada masculina ha sido la manera en la que la mayoría de nosotras determinaba su valor, lo que hace que nos desesperemos al percibir nuestro propio cuerpo y el de otras mujeres, incluso cuando no las conocemos, como las famosas que la cultura nos invita a cosificar desde hace una eternidad. Me parece una locura que seamos literalmente responsables de traer vida a este mundo y aun así se nos menosprecie todo el tiempo por las partes de nuestro cuerpo que no son estéticamente ideales a los ojos de los hombres misóginos. Me vuelve loca, claro, pero también hace que me dé cuenta de que debo ser fuerte y firme en mi práctica.

El amor propio y la verdadera seguridad no solo son las metas y el destino que quieres alcanzar, también son caminos en constante crecimiento y cambio. Dan giros y vueltas, suben y bajan, pero el destino final nunca flaquea.

Es casi como cuando estás en un barco y te mareas, y te dicen que fijes la mirada en la costa. La idea de ese truco es que la costa no se mueve, es firme y permanente, así que si te concentras en ella, no sientes náuseas. Así es como me gusta ver la relación que tengo con mi cuerpo. Aunque el proceso puede ser arduo y a veces desagradable, tanto que me da náuseas, la costa me mantiene cuerda. Me recuerda una y otra vez que la meta no debería ser tener mi apariencia física en la más alta estima. La meta es saber y creer que la forma física es transitoria y variable.

No me gusta que nuestro cuerpo sea lo primero que se juzga todos los días, pero al menos tengo la capacidad de reducir la importancia que yo le doy a mi propia percepción de mi apariencia física. Prefiero que mi seguridad se base en esa esperanza de que tener una opinión positiva sobre mi cuerpo sea suficiente para transitar por la vida. Porque todo lo que forma parte de mi yo interior —mi integridad, el amor que tengo para dar, mi ingenio, mi sentido del humor— es firme. Es constante e importa mucho, mucho más.

8. No pasa nada por ser mala

Las mujeres aprendemos a priorizar a los demás a una edad muy temprana, hasta el punto de que sacrificamos nuestros límites por temor a cómo podemos ser percibidas. En otras palabras: la mayoría de nosotras vive con miedo de que piensen que somos unas «zorras». Pero la alternativa es muchísimo peor, joder. Cuando no nos hacemos valer desde el principio, a menudo corremos el riesgo de caer en patrones en los que se espera que andemos con cuidado y de puntillas a la hora de negociar nuestros límites con los demás, sobre todo si son hombres detestables, y eso aplica tanto a idiotas hechos y derechos como a los insufribles «buenos chicos», dos casos que analizaré en detalle en este capítulo mientras planteo la pregunta de qué tiene de malo ser mala.

Ahora bien, si me conoces de internet, sabes que soy toda una amenaza. No dejo de hundir a los tíos, y a las personas les sigue asombrando mi maldad. ¿Quieres saber qué personas no pillan las bromas? Visita mi página. Me basta con decirle a un tío que parece un vendedor de palomitas con un coche incapaz de adelantar para convertirme en la peor persona. Pero quienes me quieren y disfrutan de mi contenido entienden por qué lo hago y, en concreto, por qué lo hago así, mientras que los hombres poco graciosos y cabezas cuadradas se ponen a la defensiva y a menudo me llaman «puta gorda» o me dicen que me estoy «pasando». Y cuando sus respuestas no son más que comentarios gordófobos e insultos insípidos, porque es lo único que se les ocurre a sus cerebros de pajarito, yo me río. Pienso: «¿Eso es todo? ¿Por qué estás tan enfadado? Pensaba que esto iba de hacer bromas y divertirnos con comentarios ridículos. Pensaba que estábamos jugando a la comba y que ahora me tocaba a mí saltar». Les digo: «¿Sabes? Tú y yo podríamos haber sido como Corbin Bleu y Keke Palmer en aquella peli de Disney, *Salta*. Pero tú has decidido recoger las combas e irte a casa. ¿Por qué? Yo pensaba que nos estábamos divirtiendo».

Estos hombres se ofenden fácilmente, pero ignoran por completo el hecho de que sus bromas son a expensas de otras personas y que tienen implicaciones reales de racismo, sexismo, gordofobia, homofobia…, lo que se te ocurra. Estoy en un momento de mi vida en el que me importa una mierda lo que esos hombres tengan que decir sobre cualquier cosa, y por eso mi principal queja al respecto de que me llamen «puta gorda», más allá del hecho de que «gorda» no es ningún insulto, es que no es creativo. Es tan flojo… Como sus pantorrillas. Esa mierda ni siquiera te serviría para subirte al escenario con un grupo de cómicos de improvisación solo de hombres y actuar frente a un campo de nabos. Estoy segura de que soy una compañera asombrosa para intercambiar bromas, pero en cuanto respondo a estos tíos y los pongo en alerta, se quedan sin chistes. ¿Por qué? Bueno, para empezar, porque yo soy graciosa y ellos no. Y en segundo lugar, y lo más importante, porque lo que hacemos es esencialmente distinto.

Cuando yo hago vídeos en línea defendiendo a alguna persona gorda que ha sido atacada por algún hombre detestable sin mediar provocación, por supuesto que comento su apariencia física. Quiero que prueben lo que es escuchar ese tipo de opiniones, así que a menudo los comparo con personajes de dibujos animados e insinúo que son feos (porque para mí lo son) y, siempre que lo hago, se desmoronan emocionalmente. Han empezado ellos, así que yo pensaba que se reirían conmigo, ¿no? Error. No hay grupo al que le guste más tomar las armas y acusarme de que los humillo a causa de su físico que a los activistas por los derechos de los hombres, pero, cariño, no puedes decir que lo mío es «humillación» y lo tuyo solo son «bromas».

Cuando voy tras ellos, estos hombres se enfadan e incluso se ponen violentos. Un sinfín de hombres me han enviado amenazas de muerte donde enumeran todas las formas en las que quieren hacerme daño, sin dejar de hacer, además, comentarios sobre mi peso. Usan la percepción que tienen de mi cuerpo como base para infligirme aún más daño porque, en definitiva, la gordofobia no son solo bromas crueles. Es un sistema dominante y violento arraigado en diversas estructuras sociales, médicas y gubernamentales. Nadie sufre opresión por tener los pies pequeños o un pene diminuto. Cuando existe discriminación y sufrimiento a manos de la opresión sistémica es cuando todo deja de ser una broma.

Intentar comparar la humillación que soportan las personas gordas todos los días con la de los hombres feos es como comparar que te atropellen con pinchar un neumático. Una situación es un mero inconveniente; la otra puede matarte, literalmente. ¿Que ninguna de las dos es una experiencia estupenda? Por supuesto. Pero estamos de acuerdo en que una es infinitamente peor que la otra. Los hombres horribles no sufren la más mínima opresión por mis burlas, solo inseguridad. Una inseguridad que proyectan hacia quienes están por debajo de ellos en la escalera de la opresión, porque los hace sentir bien. ¿Y dónde les gusta pasar el rato a los hombres inseguros? En internet.

Desde el nacimiento de las redes sociales, internet se ha convertido en un campo minado para cualquier persona que no sea un hombre cisgénero, blanco y heterosexual. Puede ser un sitio aterrador, oscuro y espantoso, porque incluso cuando nos sentimos a salvo en nuestras comunidades, siempre hay algún idiota que se las arregla para colarse en la conversación y decir alguna mierda de lo más horrible a personas marginadas sin tener ningún puñetero motivo. Como persona que se gana la vida fumigando internet para deshacerme de esas cucarachas humanas, siempre digo que tengo el trabajo más asegurado del mundo, porque siempre habrá hombres detestables y yo nunca dejaré de señalarlos. Todas las noches duermo muy plácidamente sobre un colchón pagado por esos imbéciles.

* * *

En 2018 circulaba una cita de Margaret Atwood, que por entonces estaba viendo cómo su novela *El cuento de la criada* se convertía en una de las series de más éxito en la televisión. Decía así: «Los hombres temen que las mujeres se rían de ellos. Las mujeres temen que los hombres las maten». Era parte de un ensayo que había publicado hacía más de cuarenta años. Como en una verdadera distopía, mujeres de todo el mundo recordaron de pronto algo que nunca había dejado de ser cierto. El mayor temor de las mujeres es que las agredan o las maten. ¿Y el de los hombres? Que los ridiculicen. No sé qué más pruebas necesitas para afirmar que el patriarcado nos ha lavado el cerebro a todos. Desde pequeños nos dicen que, si un chico se burla de una chica, lo hace por interés romántico, y no es raro esperar que eso suceda. Por más pesadillesco que sea, es una lamentable realidad. Si lo hacen ellos, no hay problema, pero cuando los roles se invierten, no lo soportan.

Tenemos que dejar de vivir con miedo a que nos llamen «malas» o «zorras» y dejar de priorizar los sentimientos de los hombres. Hay muchos hombres que tienen conciencia suficiente para reconocer lo grande que es su privilegio y no aprovecharse de todas las cosas que la sociedad les permite hacer. Pero la forma en la que los hombres detestables tratan a las mujeres, y sobre todo a las personas marginadas, es un hechizo que ha adormecido a todas las mujeres y *femmes*. Yo he venido aquí a encender la luz y despertaros a todas, ya que literalmente me pagan por hacer eso en internet, pero quiero que sepáis que vosotras también tenéis este poder. Lo único que hace falta es saber dónde está el interruptor, pero también estar dispuesta a encenderlo. Y todo comienza cuando te deshaces de la idea de que es obligación tuya proteger la masculinidad de los hombres haciéndote pequeña. No atenúes tu luz para evitar que los hombres inferiores deban cubrirse los ojos en tu presencia.

La verdad es que los hombres horribles son como son en parte porque sienten que no controlan su vida. Se sienten ignorados y mediocres, así que calumnian a personas marginadas porque la resiliencia y la alegría que poseen son un recordatorio constante para los misóginos de que ellos jamás serán excepcionales. Estos hombres jamás sabrán lo que es el amor, el éxito y la felicidad verdaderos. La ironía de esa ira desplazada es que sus insultos y palabras son igual de mediocres que sus vidas, y por eso odian a personas como nosotras. Supongamos que eres una atleta estrella que juega en todos los partidos de tu equipo: ¿seguirías los consejos de alguien que jamás ha puesto un pie en la cancha, alguien que no ha jugado ni un minuto en su vida? ¡Claro que no! Nunca aceptes críticas ni consejos de alguien que no esté viviendo la vida que tú quieres tener. Sus palabras no valen nada, como sus insultos. Cuanto más tiempo te convenzas de que vale la pena proteger los sentimientos de esos hombres, más tiempo pasarás atascada en un ciclo constante de falta de respeto hacia ti misma.

A mis críticos, que son en su mayoría hombres, aunque también hay algunas mujeres, les encanta enumerar las razones por las que mi abordaje «no funciona». Ya ves, están un poco confundidos y creen que a alguien como yo, que ha construido una plataforma basada en responder a mensajes de odio dirigidos a mí personalmente o a otras personas marginadas, le preocupa el bienestar de esas personas intolerantes y antagónicas. Y nada más alejado de la realidad. Mi intención no es arreglar a esos hombres. No me importa en absoluto cómo funcionan los hombres detestables en su vida diaria. No me interesa su crecimiento mental, sus sueños y esperanzas. ¿Acaso llevo bata y una tiza en la mano? No, ¿verdad? Eso es porque no soy su maestra. Ni su madre. Educarlos no es mi responsabilidad. Hago lo que hago por las demás mujeres, *femmes* o cualquier persona que no sea intolerante.

Cuando alguno de mis muchos críticos pueda citarme un ejemplo de una ocasión en la que ser buena con alguien intolerante hizo que esa persona dejara de proyectar sobre los demás sus opiniones llenas de odio, que me lo diga. Hablo por experiencia al decir que a mí jamás me ha funcionado, y no planeo seguir intentándolo. Puedes pasarte el día hablando con un hombre detestable, pero no harás que te vea como un ser humano. No podemos hacer que los hombres nos respeten como personas con una voluntad propia y un mundo interior complejo cuando lo único que quieren es vernos como objetos. Pero sí podemos humillarlos. Y como alguien que ha construido literalmente una carrera haciéndolo, puedo decir con toda certeza que es mucho más eficaz a largo plazo.

Echemos un vistazo a qué significa ser una «zorra» frente a cuatro tipos de hombres detestables: el que da miedo; el buen chico; el que te genera un rechazo insoportable, y el que no tiene remedio.

EL QUE DA MIEDO

Este tipo de hombres son los que se te acercan en momentos en los que pareces vulnerable y hacen que te cagues encima de miedo. Aparecen cuando estás sola, o es de noche y no vas acompañada, y siempre en situaciones en las que no vale la pena arriesgarte a ver cómo podría reaccionar. Esto incluye que te silben por la calle, que te aborden en público cuando estás sola, etc. Sabes muy bien a qué tipo de hombre me refiero. Como persona que ha temido por su seguridad personal y la de quienes la rodean en ocasiones como esas, tengo una solución que darte. Una que no te pone en peligro ni tampoco te obliga a hablar con ese hombre. Se llama «hacer ver que no lo oyes», y he descubierto que es la forma más eficaz de eludir el intento de cosificación del tipo que da miedo. Un simple «¿qué?» repetido una y otra vez después de cada «halago» que te obligue a escuchar puede ser extremadamente eficaz para desgastar al enemigo sin tener que enfrentarte a él directamente.

Muchas personas son testigos de que ser cordial en esos momentos porque no quieres que él se altere puede provocar la reacción o el resultado contrario. Mi estrategia evita alimentar su ego y, lo que es más importante, te protege cuando estás en una posición vulnerable. Cuando él dirija su atención indeseada hacia ti, tú solo haz como si no lo oyeras. Cuanto más lo confundas, mejor. Eso crea una pantalla de humo que puedes usar para salir de allí y suele hacerlo sentir estúpido. Es un tipo de guerra psicológica que yo apoyo. Cuando los hombres sienten que están haciendo el ridículo de una manera sutil y tenue que no logran comprender, no solo se sienten fatal, sino que se distraen el tiempo suficiente para que tú puedas escabullirte rápidamente. Siempre recomiendo a mis tías duras que implementen estas tácticas por motivos de seguridad, pero por favor ten en cuenta y entiende que los hombres pueden ser impredecibles y peligrosos. ¡Prioriza siempre tu seguridad a sus sentimientos!

EL BUEN CHICO

Ser amable y ser bueno son dos cosas distintas. Lo primero es una cuestión de percepción, mientras que lo segundo suele basarse en las acciones. Siempre me ha parecido que ser bueno es mucho más importante, porque cualquiera puede ser «amable». Fingir es fácil, y quienes parecen amables no siempre tienen las mejores intenciones.

Un excelente ejemplo es el caso de los «buenos chicos», que, a pesar del nombre, solo son amables. Para ellos, ser «bueno» es lo que yo considero el mínimo indispensable. Cuando quienes se hacen llamar «buenos chicos» intentan alardear de lo bien que tratan a las mujeres en concreto, a mi parecer no hacen más que presumir de tener la decencia humana más básica. Ah, ¿que no la interrumpiste cuando te estaba contando cómo le había ido el día? ¿Que no le mencionaste que crees que ha engordado? ¿Que no le dijiste nada sobre el sándwich que ella te preparó y no te gustó? ¡Por favor! No mereces ninguna medalla de oro por eso.

El buen chico es cordial y muy amable, pero solo al principio, para que tú creas que su forma de actuar es el mejor comportamiento que verás en un hombre, aunque solo sea cuestión de buenos modales y tacto. Tiene la audacia de decir cosas como «era muy amable con ella, siempre limpiaba todo lo que manchaba y jamás le dije lo aburridas que eran sus historias, pero aun así… Supongo que hoy en día las mujeres no buscan buenos chicos». ¿Ves la manipulación que contiene esa frase? Ese hombre describe lo que yo diría que es decencia humana de lo más básica, pero lo convierte en un arma para explicar el motivo por el que las mujeres deberían conformarse. A la mierda con eso. Mereces un trato, un amor y un cuidado que sean iguales a los que tú ofreces. ¡Lo vales y no deberías conformarte con menos!

Las palabras no son lo mismo que las acciones, y los buenos chicos casi nunca son realmente buenos. Su actuación es tan frágil y transparente que, si alguna vez has lidiado con uno, identificarás a todos los demás en cuanto abran la boca, si no antes. Puede que todo lo que veas y oigas, desde su forma de vestir hasta cómo hablan o incluso respiran, te esté diciendo que son amables, pero las palabras se las lleva el viento. Y te sorprendería saber cuántos de esos buenos chicos creen que su «amabilidad» inherente es lo que hace que no consigan a la chica de sus sueños.

Vamos a dejar algo claro: un «buen chico» es igual de capaz de cosificar a las mujeres que un imbécil desvergonzado. Si eres una de esas lectoras que aún no se ha topado con este tipo de hombre horrible en el mundo real, quiero decirte algo que millones de nosotras ya sabemos sobre estos tíos en concreto: no pararán aunque tú no estés interesada en ellos. Este tipo de hombre detestable cree profundamente que tiene el poder de hacerte cambiar de opinión. Que no sabes lo que quieres en realidad, pero él sí. Si por algún motivo no te gusta, su intención será hacerte sentir culpable para que al final cedas. Intentará convencerte de que tu rechazo rápido, cordial y amable es en realidad grosero y despectivo. ¡Cómo te atreves a no darle siquiera una oportunidad!

La meta es que tú sucumbas a esa coerción. No cedas. No todo el mundo puede manejar los enfrentamientos como yo, y soy más que consciente de eso. Así que no me parece realista esperar que todas les digáis a esos hombres que os lo chupen y se vayan a la mierda (aunque me encantaría). Mi meta no es cambiaros a vosotras y convertiros en mí, sino equiparos con todo el conocimiento y el entendimiento de que merecéis todo el amor y el respeto que queráis. Esto incluye no permitir que los hombres os convenzan de ceder en vuestros límites.

Cualquier intento por suavizar lo que digas por el bien de uno de estos hombres no sirve más que para darle fuerzas y convencerlo de que has dejado la puerta entreabierta a la posibilidad de cambiar de idea. Nadie más que tú misma debería decirte qué es lo que quieres. Fingir ser amable con un hombre a quien en realidad estás rechazando lo envalentona en su misión de saltarse tus límites. Por más difícil que te resulte mantenerte firme en tu rechazo, recuerda que tu comodidad es importante. No le debes una explicación, excusa ni razón. «No» es una frase completa en sí misma.

EL QUE TE GENERA UN RECHAZO INSOPORTABLE

Como su nombre indica, estos hombres son los que te dan grima de inmediato, o al poco rato. Te generan rechazo. Parecido a una intoxicación emocional en vez de alimentaria, solo que no te recuperas a las cuarenta y ocho horas. Lo que pasa con este rechazo es que suele ser provocado por comportamientos aparentemente superficiales, no por haber descubierto un fallo explícito en el sistema de valores de alguien. Es decir, si me entero de que un hombre es intolerante, no me genera rechazo, sino odio. Quizás no siempre entiendas la lógica de ese rechazo, pero tengo motivos para creer que esa es una respuesta evolutiva de tu cuerpo para disuadirte de salir con ciertas personas. No debes ignorarlo. Tienes que aprender a obedecerlo (o al menos a escucharlo), aunque intentar describirlo te haga sentir que estás perdiendo la cabeza.

Por ejemplo, una vez dejé de hablarle a un tío después de oírlo inventar una palabra en medio de una conversación conmigo. Habíamos estado hablando durante semanas y decidimos quedar después de clase, y él estaba hablando de lo inteligente que era cuando me soltó esa bomba. Ya ni siquiera recuerdo bien lo que dijo porque, vale la pena repetirlo, NO ERA UNA PALABRA DE VERDAD, pero sentí un repelús visceral que me recorrió las venas. El descaro con el que ese tío me hablaba con tono altanero como si mi pequeño cerebro femenino no pudiera computar su inteligencia extraordinaria mientras inventaba palabras cual hombre de las cavernas me generó un rechazo enorme. ¿Cómo de paternalista tenía que ser para dar por hecho que no me percataría de algo tan tonto como una palabra inventada?

Los hombres se enfadan irracionalmente cuando las mujeres y *femmes* describen ese rechazo y nos acusan de ser exigentes o poco razonables, o nos dicen que no deberían ser juzgados por un fallo momentáneo. Y es cierto, es probable que el tío que inventó una palabra en mitad de una conversación conmigo no fuera una mala persona, del mismo modo que tampoco lo son el tío del gimnasio que dio por hecho que no había forma de que mi amiga, que es entrenadora personal, pudiera levantar las pesas con las que estaba trabajando; ni el que va a una primera cita y no puede dejar de hablar de todas sus citas anteriores, a pesar de las cuales sigue soltero. Pero no es plan de que las mujeres y *femmes* sigan dándoles oportunidades a esos hombres solo por estar a la altura del listón más bajo posible de decencia. Lo que hay que hacer es dejar que ese rechazo aparentemente irracional te ayude a decir que no.

Cuando alguien te genera rechazo, quizás sientas el impulso de considerar y evaluar una serie de situaciones en tu cabeza en un intento por disuadirte de que simplemente no te ha gustado. Creo que un problema con el que nos encontramos es que hay muchas personas que insinúan que este sistema de veto demuestra falta de paciencia. Hay personas que realmente merecen la oportunidad de ser vistas por quienes son, y estoy a favor de eso. El problema que tengo con esa indulgencia es que no permite que las mujeres y *femmes* actúen ante las *red flags* sin temor a ser criticadas. El rechazo es algo primordial y no hay forma de superarlo. Tienes todo el derecho a decirle que se largue si así lo eliges.

EL QUE NO TIENE REMEDIO

Este tipo de tíos no necesitan presentación y no hay otra forma de decirlo: son lo peor. Aquí en Estados Unidos, tenemos una gran variedad de machos alfa, *gym bros* y presentadores de *podcasts* hipermasculinos, pero el planeta está lleno de hombres así y la variedad parece infinita. Lo que todos tienen en común es que están enfermos de misoginia interiorizada (y extremadamente exteriorizada).

Están desesperados por aferrarse al poder y dependen totalmente de la aprobación de otros hombres a los que idealizan. Te ven como un juguete y nada más. Las mujeres existen como accesorios, y que tengamos o no pensamientos, sentimientos o ambiciones no les interesa lo más mínimo. Deberías ser capaz de identificarlos con facilidad en cualquier rueda de reconocimiento, así que eso no me preocupa. Lo que sí me preocupa es que ellos se sientan con derecho a recibir algo de ti.

Todas las mujeres seguras que existen en esta tierra han dado cientos de pasos necesarios para desaprender lo que la sociedad les ha dicho en un principio que era lo correcto, desde no ocupar demasiado espacio hasta sentirse validadas solo si reciben la aprobación masculina, y no importa cuál sea su historia, te garantizo que todas han tenido que trabajar para superar esas mierdas patriarcales y han tenido que escarbar en su interior para definir qué es lo que significa ser una mujer/*femme* libre de cualquier validación masculina. Esa seguridad no se consigue a expensas de nadie más; no atenúa ni apaga la luz de nadie. Brilla fuerte y con orgullo por cuenta propia. Sin embargo, esta mentalidad encoleriza a los hombres detestables. No saben cómo usar la fuerza o el poder a menos que se los arrebaten a otra persona. Como no tienen ninguna autoestima que no se base en pisotear a los que están por debajo, nunca estarán satisfechos a menos que se sientan mejores que otra persona, y en muchos casos, esas personas son las mujeres.

Si eres de las mías, lo más probable es que solo sientas una ira cegadora hacia esta clase de tíos porque son los mayores defensores de este sistema patriarcal jodido en el que vivimos. Están tan dentro de su propio culo que no ven cómo han sido limitados en todos los aspectos de su vida. Se niegan a reconocer que el patriarcado, a pesar de ser un sistema construido y sostenido por sus pares, también tiene efectos negativos sobre ellos. El patriarcado no discrimina a la hora de dañar a las personas, pero sí tiene un blanco al que intenta dañar a propósito. Estos hombres comparten la misma ideología que los que están a favor de las fuerzas armadas, pero no tienen nada que decir sobre la lucha en favor de la salud mental ni sobre la crisis habitacional que sufren los veteranos de guerra. Son los mismos hombres que lloran cuando oyen un chiste sobre tíos bajitos, pero se desternillan de risa con los chistes gordófobos. Son los mismos a los que les importa el maltrato cuando soy yo la que ataca a los intolerantes, pero no sienten ningún tipo de lástima por las personas que son maltratadas solo por existir fuera de los parámetros extremadamente superficiales de ser cisgénero, delgadas y blancas.

No siento, ni jamás sentiré, lástima por un hombre así. Y tú tampoco deberías. Ya ha herido a suficientes personas en su vida y su cableado está mal. Aprender a repararlo no es tu trabajo ni tu responsabilidad. Lo único que terminaría pasando si lo hicieras sería que te electrocutarías. Lo que yo elijo hacer en este caso es reconocer que ese hombre es un adulto con un cerebro en pleno funcionamiento que toma sus propias decisiones y, casualmente, estas incluyen ser una persona intolerante. Así que siendo yo también una adulta con un cerebro en pleno funcionamiento, decido humillarlo lo más posible por sostener esos sistemas violentos de opresión. Os aliento a todas a hacer lo mismo. Porque aunque algunos hombres, o incluso mujeres, permiten y alientan ese tipo de comportamiento, yo me niego a hacerlo. No me iré a la tumba sabiendo que me he quedado callada ante ese tipo de opresión activa y siniestra. ¿Y tú?

*　　*　　*

Los hombres detestables solo te ven si creen que pueden usarte para algo, ya sea física o emocionalmente, e incluso entonces no te ven como un ser humano con sentimientos, sino como una herramienta. En cuanto dejen entrever ese hecho y tú reconozcas esa *red flag*, tienes que perder todo respeto por ellos. De inmediato. Teniendo en cuenta que los hombres detestables no van a respetar tus límites en cualquier caso, bien puedes irte pitando de ahí. No lo suavices. Los hombres así esperan que los hagas sentirse cómodos todo el tiempo y que priorices sus sentimientos, pero ¿por qué deberías? Deja de tener miedo. Cuando la gente me pregunta si a veces me preocupa ser percibida como mala, yo siempre respondo lo mismo: soy mala. Tengo toda la capacidad del mundo para ser mala, como cualquiera. Lo más importante para mí, y lo que realmente indica la integridad de alguien, es cómo elegimos usar esa capacidad. Así que sí, soy jodidamente mala, sobre todo con los hombres detestables, y bien que harían en recordarlo.

Decir lo que piensas y cómo te sientes de verdad te hace mucho mejor que verte obligada a actuar con dulzura cuando en realidad solo estás siendo pasiva. A menudo nos dicen que mantener esa postura nos hace ser «grandes personas». Pero ¿por qué quien sufre una falta de respeto debería seguir siendo complaciente y paciente sin importar cómo la hagan sentir los hombres? (Es una pregunta retórica, todas conocemos la respuesta). En lugar de eso, quiero que seas otro tipo de «gran persona», una más literal. Por ejemplo, el consejo para cuando te encuentras con un oso en el bosque es hacerte grande: echar los hombros hacia atrás, levantar los brazos por encima de la cabeza y gritar con fuerza. Una estrategia similar funciona cuando te encuentras con hombres detestables: debes hacerte grande para que ellos se aparten. Mantente erguida, despeja la cabeza y haz que te escuchen. No debes sentirte culpable por decir lo que piensas. Recuerda que si fueras un tío, te llamarían «audaz» y «graciosísimo». Las mujeres merecen tener la libertad de hablar de manera directa y sin rodeos, sobre todo cuando se les está faltando al respeto abiertamente. Ser mala es una herramienta eficaz para afirmar el dominio que todas llevamos dentro, sobre todo cuando se trata de protegernos y hacernos valer. Somos mucho más fuertes y capaces de lo que el patriarcado nos quiere hacer creer.

* * *

No es ningún fenómeno nuevo que a las mujeres que son seguras y no permiten que nadie las pisotee se las llame «malas». Si sabes que en tu interior eres buena, no necesitas perder tu tiempo intentando actuar de forma agradable ni ganarte la simpatía de los hombres siendo «amable» constantemente. De pequeña, mi madre expresaba en voz alta sus opiniones y estaba dispuesta a defender a cualquier persona a quien viera sufrir maltrato o daño en público. Solo recuerdo a mi padre quieto detrás sin decir nada y tomé nota: los hombres que se sienten seguros de sí mismos y que no obtienen su poder oprimiendo a su pareja femenina no se sienten intimidados cuando una mujer dice lo que piensa. Él jamás se sintió amenazado por la capacidad de mi madre de hacerse valer y jamás se le habría ocurrido criticar ese comportamiento, como sí lo hacen muchos hombres cuando ven a mujeres que señalan toda la mierda que no les gusta. Mi novio comparte esa mentalidad. No podría ser de otra forma. Si estás con un tío que tiene problemas con que te defiendas a ti o a otras personas en situaciones en las que ves una falta de respeto o un comportamiento grosero, esa es una *red flag*. Si alguna vez te hace sentir que estás loca o dice que estás siendo inapropiada por defender algo en lo que crees, por más que sea en público, ¡corre! Pregúntate: ¿por qué ese hombre se avergüenza de que su pareja se haga valer y cuide de los demás? No estás comportándote como si te debieran algo o esperaras más de lo que te mereces. Estás defendiendo a quienes no pueden hacerlo por sí mismos y esa acción heroica no tiene nada de vergonzoso. Así que si él no está de tu lado, ¿de qué lado está?

Sea como sea, volvamos a mi madre, la primera mujer que me mostró el poder de usar la hostilidad para obtener justicia y poner orden. Nuestra familia no tenía mucho dinero cuando yo era pequeña y, en el colegio, Deison y yo comíamos gratis o a precio reducido. Pero había un problema. Hubo varios días seguidos en los que mi hermana regresó a casa muerta de hambre. Nuestra madre estaba confundida y no dejaba de preguntar por qué Deison no había comido más en el colegio. Con el tiempo, a Deison se le escapó que había una chica que le pedía la comida y le decía que, si no se la daba, no sería su amiga. Como temía haber revelado demasiado, Deison se negó a decir nada más, así que mi madre me reclutó para una misión especial: descubrir quién le estaba quitando la comida. Y, desde luego, me puse manos a la obra.

Al día siguiente, a la hora de comer en el colegio, me fui a sentar con la clase de mi hermana, es decir, un curso superior al mío. Hete aquí que se acerca una chica y le dice a Deison que quiere su comida. Di un paso al frente, actuando como guardaespaldas personal de mi hermana, y le dije: «No, hoy Deison no te va a dar su comida. Y, por cierto, nadie quiere ser tu amiga». Luego, para liquidarla, la llamé «Stuart Little». Era pequeña, al menos en comparación conmigo, la más grande de todo el maldito colegio. Pero en realidad fue la primera crueldad que se me vino a la cabeza. De inmediato rompió a llorar y corrió hacia un maestro cercano para denunciar mis delitos. Me metí en un problema, pero eso no importó mucho. Mi madre estuvo allí para rescatarme. Cuando hablé con ella y le conté todo lo que había ocurrido al salir del colegio ese día, hizo todo lo posible para no reírse de mi insulto de «Stuart Little». Sí me dijo que no debía decir esas cosas a los demás, pero yo noté que estaba orgullosa. Había hecho lo que había que hacer. Entonces no habría imaginado que defender a mi hermana de otros chicos de nuestra edad que querían aprovecharse de su bondad sería el campo de entrenamiento perfecto para mi inevitable futuro de defensora de los oprimidos y acosadora de acosadores. Incluso entonces, creo que en lo más profundo de mí sabía que empoderar a los demás era empoderador en sí mismo, un ejemplo que siempre me dio mi asombrosa madre.

Te lo juro, jamás vi a esa mujer aceptar ninguna mierda de nadie. Era valiente, osada y no se disculpaba por ser ella misma. Cuando estaba en secundaria, hubo un período durante el cual se me llamaba la atención por quebrantar el código de vestimenta día sí y día no. Durante el verano había pegado un estirón y ahora todas mis faldas eran un poco más cortas de lo que se consideraba «apropiado» para una preadolescente. Cuando el centro llamó por fin a mi madre para hablar del tema, ella no se calló. Gastó cero energía en intentar ser amable con el personal administrativo y sin andarse con rodeos les dijo: «La han tomado con mi hija». ¿Acaso recibían avisos las chicas más pequeñas y bajitas que usaban faldas y pantalones igual de cortos? Claro que no, porque el control de nuestro cuerpo comienza desde muy temprano, sobre todo en el caso de quienes nos desarrollamos antes que las demás. Mis prendas eran un poco más cortas por todo lo que había crecido, pero aun así no eran nada inapropiadas. Yo era simplemente más fácil de detectar. Mi madre luchó por mí. Le dijo al colegio que estaban usando ideas arcaicas sobre qué era inapropiado para las chicas adolescentes, cuyas prendas de vestir suben y encogen naturalmente en relación con el cuerpo en crecimiento. Y ella no iba a salir a comprarme prendas nuevas por eso. Cerró el caso. Mis pantalones cortos no impedían que nadie hiciera lo que debía hacer. ¿Y si de verdad era una gran distracción? Bueno, en tal caso el problema no era mío, ¿verdad?

Mi madre ha alzado la voz en mi defensa más veces de las que puedo contar, y lo hace también por otros familiares, amigos e incluso desconocidos. Es audaz frente a la injusticia y siempre está dispuesta a arriesgar su pellejo para defender lo que está bien. Jamás ha temido a los demás ni por su reputación, y desde que mi hermana y yo éramos pequeñas, ella siempre ha sido sincera con que nunca debemos comparar la opinión que los demás tienen de nosotras con cómo nos vemos, que es lo más importante. Porque solo una opinión importa: la tuya.

Cuento todas estas historias no para convencerte de que provengo de una larga línea de tías duras, sino para demostrar que es posible reescribir las normas y definir por ti misma cómo quieres reaccionar frente a la discriminación y la falta de respeto, ya venga de hombres horribles, mujeres mal adaptadas que viven bajo el patriarcado o cualquiera que decida maltratar a otra persona sin motivo. Lo que quiero que todas entendáis es que ser buenas y pacientes con hombres que os faltan al respeto abiertamente a vosotras o a otras personas, y sin que lo merezcáis, es un privilegio, no una obligación. Es una consecuencia de los varios sistemas de opresión arraigados en nuestra sociedad para que quienes están en la cima se sientan poderosos al golpear a los de abajo. No es responsabilidad nuestra hacernos cargo de esa guerra emocional. Si esos hombres no te ofrecen lo mismo, no merecen la paciencia ni la bondad que te exigen. Y a pesar de todo el amor, el apoyo y los ejemplos estelares con los que me crie, nada podría haberme preparado para cuando me fui de casa y descubrí lo realmente despreciables que podían ser los hombres en estado salvaje, incluso en el ambiente laboral.

* * *

Pasé por varios trabajos sin importancia mientras estudiaba e inmediatamente después de la universidad. Trabajé haciendo visitas puerta a puerta para una empresa de relaciones públicas (junto a mi hermana y para mi madre) advirtiendo a los residentes sobre la construcción inminente de una autopista en el vecindario. Me vestí como Vaiana de Disney para fiestas de cumpleaños infantiles, usando al máximo mis capacidades para no tener que cantar las canciones de la película (porque no sé cantar). Trabajé turnos de entre ocho y diez horas sirviendo comida, para luego regresar en autobús a casa a las once de la noche, agotada pero hiperalerta al contemplar los posibles horrores de viajar sola de noche siendo mujer. Pero nada me hizo sentir tan expuesta a la misoginia casual como el tiempo que pasé en los medios deportivos. En cuanto empecé a trabajar en esa industria, escuché los comentarios más paternalistas jamás pronunciados en un ambiente laboral por hombres adultos que de verdad creían que estaban haciendo cumplidos. Un compañero nuevo me dijo: «Oye, ¿sabes?, eres mucho más inteligente de lo que pareces. No es habitual en mujeres como tú. Es asombroso». Y que conste que esto me lo dijo mientras yo lo formaba a él para que hiciera mi trabajo. Era nuevo en el equipo y necesitaba ayuda. Y aun así, por algún motivo, supuso que la dinámica entre nosotros sería, por defecto, que él me ofrecería un respeto ambiguo y yo me sentiría halagada y encantada. La ironía es tan intensa que me hace rechinar los dientes. De inmediato, le respondí: «¿Se supone que eso era un cumplido? Porque no lo es». Había elegido a la mujer equivocada para alienar de su manada. Yo estoy siempre cien por cien del lado de las chicas. ¿Sabes que algunas *pick me girls* dicen cosas como «Yo no soy como las demás; me gusta más estar con hombres»? Yo soy lo contrario. Yo soy exactamente igual que todas las tías duras que has conocido. De hecho, soy peor.

Esa terminó siendo una de mis primeras experiencias siendo frontal y directa —o mala, como prefieren definirlo los hombres horribles— en el puesto de trabajo, y de verdad creo que es una mentalidad que las mujeres y *femmes* debemos dominar en cuanto entramos al mercado laboral para cuidar y proteger nuestro propio bienestar. Cuando conté esta historia por primera vez, muchas personas a las que conocía me dijeron que creían que yo había exagerado y que debería haber mantenido la paz. ¿Y si perdía el trabajo? ¿Y si él se ofendía y le decía a mi supervisora que ya no quería trabajar conmigo porque yo había creado un entorno laboral hostil? ¿Valía la pena arriesgarme a perder mis ingresos por ponerlo en su sitio? La respuesta a todo eso me parecía simple: ¿qué más da? ¿Qué más daba si perdía mi trabajo por eso? ¿Quería seguir trabajando en un sitio que apoyara desvergonzadamente a compañeros que me hostigaban así? (Claro que esta es una mentalidad fácil de sostener cuando eres joven y tienes menos responsabilidades económicas, pero lo que importa es el principio). La realidad de la situación me resultaba extremadamente simple: me estaban hostigando sexualmente y faltando al respeto, así que yo iba a responder de forma inmediata y maleducada. Eso era todo. Jamás he aceptado las faltas de respeto, pero mucho menos en el trabajo y por parte de hombres. En palabras de la gran artista Kelis: *You don't have to love me, you don't even have to like me, but you will respect me* («no tienes que quererme, ni tengo que gustarte, pero me respetarás»).

El tema es el siguiente: hay situaciones, y el trabajo es una, en las que comunicarse y hacer comentarios con tono amable sin ser demasiado duro es beneficioso para todos porque, quitando factores concretos, los colegas buscan establecer respeto mutuo y una buena relación. Lo último que alguien querría es un ambiente laboral hostil, y eso jamás lo pierdo de vista. Tú harías lo mismo por una amiga y tendrías en cuenta sus sentimientos al hacer una crítica o mencionar un tema difícil. Lo mismo con una pareja con quien estás construyendo una relación y probablemente probando diferentes estilos de comunicación. Por eso las conductas groseras, dañinas y ambiguas —o, para sintetizar, poco profesionales— deben ser señaladas de inmediato en el espacio de trabajo. En todas las relaciones interpersonales, no importa el tipo, hay un código que debe respetarse y, por mi parte, una vez se rompe, vale todo. No se puede esperar que te limites a encajar las mierdas dañinas que otro ha empezado y sigas trabajando a su lado como si nada.

Ahora bien, sé lo que debes de estar pensando: «Bueno, Drew, eso no es exactamente ser mala. ¡Creí que este capítulo sería sobre ir dando golpes!». Aunque me encanta la idea de que mi contenido haga que esto parezca fácil, para ser mala de forma eficaz hay que pensar y prepararse mucho. Debes estudiar al enemigo.

Y oye, te entiendo: al principio, calcular estratégicamente lo mala que puedes ser en cada entorno en el que te encuentras puede dar tanto trabajo como ser agradable y amable. Pero lo cierto es que solo existir como mujer o *femme* en este mundo ya es mucho trabajo. Todo lo que hacemos oculta algún tipo de esfuerzo, tanto físico como emocional, pero una gran parte de eso se ignora al servicio de los hombres. Y por eso este capítulo, como todo este libro, es tan importante para mí: lo he lanzado al mundo para que sea tu guía de apoyo emocional y te ayude en tu viaje hacia la descentralización de los hombres. Piensa solo en todos los momentos que dedicas a reprimir emociones, como el enfado, la angustia y la agresión interiorizada, una vez te das cuenta de cuántas de las cosas que haces durante el día son para complacer a los hombres. Como me recuerda siempre mi psicoterapeuta: «Cuando tus necesidades son constantemente desatendidas, te acabas convirtiendo en la persona que más temes llegar a ser».

Poder ser mala de la forma más eficaz que te sea posible es una manera estupenda de liberar gran parte de esa ira interna. Siempre me comparo con una serpiente venenosa: para ser la mejor versión de mí misma para el mundo, debo expulsar mi veneno. Nunca te sientas mal por defenderte a ti misma ni a los demás, porque eso nunca es en vano, por más que en el momento pueda parecerlo. Te mereces el respeto que otorgas a los demás tan libremente, así que si alguien se niega a dártelo, de humano a humano, entonces debes ofrecértelo a ti misma mediante esa defensa. Espero que las personas sigan acudiendo a mí en busca de coraje para permitirse de verdad a sí mismas esa libertad. Siempre estaré aquí para recordarte que ser mala no siempre es una obligación, pero a veces es necesario. ¡Y eso no tiene nada de malo!

9. No hay una sola manera de ser mujer, pero solo hay una manera de ser tú

A veces me han acusado de interpretar un papel o de exagerar algunos de mis rasgos. Pero, la verdad, creo que si he logrado encontrar la comunidad que tengo ha sido por ser cien por cien yo misma. No trabajo con marcas que no lo entienden y, créeme, he perdido más de una oportunidad por decir siempre lo que pienso y ser tan controvertida. Pero preferiría no volver a ganar ni un centavo de las redes sociales antes que poner en peligro quién soy o mis creencias, o a las personas a las que quiero.

Dicho esto, hay aspectos de mi vida que aún no estoy segura de querer compartir ampliamente. Siempre que cuento algo sobre mi familia y Pili, me aseguro de tener su consentimiento. Odiaría que la carrera que yo he elegido o las decisiones que yo he tomado los afectaran negativamente en cualquier sentido, sobre todo sin su consentimiento. Por eso no suelo mencionar ni mostrar a ciertas personas de mi familia o relacionadas con ella, porque aunque yo he elegido esta carrera y este estilo de vida, esas personas no. Y aunque tienen asientos de primera fila para ver todo lo que me pasa a diario, sigo siendo responsable de hacer todo lo que esté en mi mano para fijar límites apropiados y proteger a quienes quiero.

Y lo mismo me aplico a mí misma. Todo lo que comparto es auténtico, pero eso no quiere decir que lo comparta todo. Sobre todo siendo mujer, cada una de mis decisiones, opiniones y declaraciones será examinada, juzgada y atacada, mucho más que las de mi equivalente masculino. Y sobre todo como mujer racializada y de talla grande, soy especialmente vulnerable a la misoginia combinada con el racismo y la gordofobia.

Aunque estoy orgullosa del trabajo que he hecho para librarme del patriarcado, reconozco abiertamente que he dudado sobre si ser sincera en línea al respecto de algunas de mis creencias, porque temo posibles respuestas negativas. Solo hace poco me di cuenta de lo importante que es que use mi plataforma y alce la voz para difundir algunas creencias que estoy segura de que no son solo mías, pero que puede que algunas mujeres duden en compartir por las posibles respuestas de hombres horribles. Pero quiero que sepan que no están solas, que no son las únicas que piensan eso y que sus sentimientos son válidos y reales.

* * *

Siendo sincera, no quiero ser madre. Y creo que nunca he querido.

Solo escribirlo me abruma, incluso ahora, siendo una mujer de casi treinta años que sabe esto sobre sí misma desde hace mucho tiempo. Existe un tabú tácito e innegable relacionado con esa idea, sobre todo si eres una mujer que vive en una sociedad patriarcal.

Cuando las mujeres hablan sobre no querer tener hijos, por el motivo que sea, el mundo las hace avergonzarse. Es algo que he observado en personas de todo el espectro político, religioso y cultural. Nuestra sociedad prioriza traer vida al mundo sobre todo lo demás y no acepta que haya personas que elijan no tener hijos simplemente porque no quieren. Que es un motivo perfectamente válido. Dime si te suena algo de esto, porque yo lo he oído todo: «Cambiarás de opinión cuando crezcas». «No existe un amor más grande en el mundo que ser madre». «En cuanto tengas en brazos a tu bebé recién nacido, sentirás que todo encaja». «Lo que pasa es que no has conocido a la persona indicada». «No esperes demasiado porque te arrepentirás y se te habrá pasado el arroz».

Y yo creo que todo eso es sin duda cierto... para algunas personas. Pero yo no soy una de ellas. Durante mucho tiempo, estuve convencida de que en algún momento me nacería ese deseo, pero pasaban los años y yo alcanzaba ciertos hitos y aun así... nada. En un momento dado, esto me provocó ansiedad, porque había interiorizado todo lo que el mundo que me rodea me había inculcado sobre mi valor e identidad como mujer, y, por supuesto, como futura madre. Pero ahora sé que, igual que no importa cómo te vistas, a quién ames o cómo elijas vivir la vida siempre y cuando no le hagas daño conscientemente a ningún otro ser vivo, no pasa nada por no querer hijos.

Y no es que odie a los niños o haya tenido una relación traumática con mis padres, que parecen ser las únicas dos razones increíblemente poco originales que se les ocurren a los misóginos para explicar por qué una mujer podría no querer procrear. En primer lugar, uno de los motivos por los que estoy tan agradecida de tener la plataforma que tengo es que me permite comunicarme con gente joven y, en segundo, ya sabéis lo asombrosos que fueron mis padres. Pero, en pocas palabras, creo que las mujeres tienen derecho a elegir. Y ya está. Debería respetarse el deseo de cualquiera que no quiera tener hijos en lugar de cuestionarlo.

La metáfora del «reloj biológico» me pone los pelos de punta. Da por hecho que todas las mujeres aspiran a la maternidad a la vez que las limita a tener útero y reduce su valor a la capacidad que tengan de concebir. Además, muchas mujeres sencillamente no quieren hijos, y me gustaría que las personas dejaran de tildar a quienes opinan así de malas personas y egoístas. No deberíamos sentirnos obligadas a dedicar nuestra vida a la crianza de niños simplemente porque se espera que todas las mujeres quieran hacerlo. Y aunque es verdad que la edad es un factor importante a la hora de poder quedarte embarazada y dar a luz, todos actúan como si te volvieras estéril de repente al cumplir los treinta, cuando el impacto de tu edad en caso de embarazo es algo que deberías hablar solo con tu médico, y tu pareja si es que tener hijos es un sueño compartido con ella. Además, hoy en día tienes a tu disposición una gran cantidad de opciones, entre ellas la fecundación in vitro, la congelación de óvulos y la gestación subrogada (aunque, desde luego, muchas de ellas tienen limitaciones económicas y de acceso). No digo que la presión para tener hijos joven sea un ejemplo de desinformación deliberada, pero hay muchas creencias dañinas en torno a ese deseo, como la de querer «recuperar tu cuerpo preembarazo» o ser una madre «joven y sexi».

Además, esta obsesión con los hijos biológicos borra muchas otras formas de maternidad, paternidad y familia. Conozco a muchísimas personas que tienen relaciones plenas con padrastros y madrastras, padres y madres adoptivos, tíos y tías. También conozco familias con dos madres, dos padres, tutores o progenitores no binarios y madres o padres solteros. La anticuada idea de familia nuclear heterosexual como único entorno de crianza también deriva de la colonización, la supremacía blanca y la misoginia. Aunque no planeo tener hijos propios, me entusiasma la idea de ser la tía de cualquier hijo que mi hermana, mi hermano o cualquiera de mis mejores amigas decidan tener. Resulta que cuando dejas de creer en la mentira de que las mujeres solo existen dentro de un plazo estricto, es como si el mundo se abriera a ti y a lo que de verdad quieres.

Cuando echo la vista atrás, de niña, recuerdo muchos momentos en los que yo quería ser la madre, ya fuera cuando jugábamos a casitas o cuando me autoproclamaba la madre de mi grupo de amigas. Solía equiparar eso con una inclinación natural a la maternidad. Ahora, mirándolo a través de una lente más clara, me doy cuenta de que no aspiraba a ser madre. Aspiraba a estar al mando y liderar. Quería ser quien tomara decisiones en mi vida, y equiparaba eso con ser madre.

Y tiene sentido porque, como ya sabéis, mi madre siempre ha sido la jefa, una tía dura y una mujer cuya capacidad para ser generosa me ha inspirado durante toda la vida. Así que como ese era el ejemplo que tuve de niña, eso era para mí una madre: la persona con más seguridad y confianza de la habitación. Una madre era alguien que, por encima de todo, defendía a los demás. Esos son rasgos que he intentado imitar desde que puedo recordar. No creo que mi cerebro adolescente entendiera de verdad la diferencia entre querer ser mi madre y querer ser simplemente madre. A medida que me hice mayor, tuve que asumir la revelación de que lo primero no implicaba necesariamente lo segundo.

Cuando estaba en el instituto y más tarde en la universidad, siempre oía que mis amigas decían cosas como «No veo la hora de ser madre». Todas se sentaban a compartir nombres para bebés o mirar ropita embobadas, pero a mí jamás se me había ocurrido interesarme por esas cosas. En teoría, era muy normal, pero a mí me parecía muy frívolo. No porque creyera que aspirar a la maternidad o la paternidad sea algo superficial, sino porque no me sentía identificada con nada de eso. Ni en lo más mínimo. Nunca había pensado en cómo me gustaría que se llamaran mis hijos o hijas, qué me gustaría que hicieran con su vida, ni nada. Cuando intentaba pensar aunque fuera en cómo sería un hijo mío, me apabullaba... porque simplemente no lo veía.

Recuerdo pensar activamente en algún momento que debía inventar respuestas a esas preguntas porque me avergonzaba no tenerlas. ¿Por qué era la única que pensaba así? ¿Por qué parecía ser la única de mi grupo de amigas que no había pensado en cómo serían mis futuros hijos? ¿Por qué sentía pavor ante la idea misma de parir y criar niños? ¿Había algo malo en mí? Incluso a medida que me hacía mayor, seguía atribuyéndolo al hecho de ser joven o de no haber madurado aún en ese aspecto. Estaba segura de que un día tendría todas las respuestas. En mi ingenuidad, estaba segura de que, cuando llegara el momento, estaría preparada. Lo sabría.

Pero el tiempo seguía pasando y me convertí en adulta aún esperando el momento en el que el deseo de ser madre apareciera en mí y yo por fin sintiera algo al ver bebés por la calle. Pero nunca ocurrió, ni siquiera un poco, y empecé a cuestionar y valorar de verdad por qué esos pensamientos nunca surgieron naturalmente en mí y por qué seguía creyendo que era tan importante. ¿Por qué sentía ansiedad al participar en las conversaciones que mis amigas tenían sobre el futuro, que yo sabía que inevitablemente desembocarían en niños y la construcción de una familia? ¿Por qué incluso me frustraban esas conversaciones cuando sabía que tenían sentido? Al fin y al cabo, surgían en el contexto de relaciones estables, planes a cinco años y sobre lo que nos depararía el futuro. Como virgo a la que le encanta planificar, ¿no debería haber estado en mi salsa?

Ahora, al echar la vista atrás, creo que parte de mi frustración tenía que ver con que siempre se hablaba de la maternidad como si fuera el fin último. Como si todas las mujeres debieran ejercerla, sin importar sus sueños o ambiciones previas. Podías pasar todo el tiempo que quisieras estudiando, dejarte la piel para ascender a nivel profesional y ser la persona más exitosa, pero nada tendría valor si no tenías también hijos. Y esa era una expectativa compleja que provenía incluso de otras mujeres, que parecían sentirse particularmente orgullosas de mantener el equilibrio entre tener una relación amorosa, una carrera exitosa y ser madres. La insinuación era que para ser una mujer moderna completa debías tener las tres cosas. Si no eras madre, ¿para qué hacías todo lo demás? ¿De qué servía vivir si no te dedicabas a los demás? ¿Valía algo la vida que habías construido con tanto esfuerzo si tu meta final no era ser madre?

Esa fue mi mayor lucha porque, sencillamente, yo no podía apoyar esa idea. Respeto de verdad cualquier estilo de vida que las mujeres quieran tener: directora ejecutiva, ama de casa, ambos, ninguno o cualquier otra cosa. Sea lo que sea lo que las mujeres quieran hacer, siempre y cuando no dañe a nadie y no esté basado en la intolerancia, tendrán mi apoyo. Si su sueño es la maternidad, apoyo y admiro esa decisión con total sinceridad.

Pero me sorprende que cada vez que sugiero que mi futuro soñado no incluye ningún tipo de maternidad, me encuentro con preocupación en el mejor de los casos o desprecio en el peor. Me parece una estupidez la idea de que el mundo quiera hacerme creer que mi verdadero valor se limita a lo que salga de mi útero. Siento que es reduccionista y ofensivo diluir mis sueños para encajar en un ideal pasado de moda de lo que significa ser una mujer en este mundo.

Lo que más me sorprende es lo a menudo que me encuentro con este rechazo por parte de otras mujeres, ya sean compañeras feministas o personas con quienes no tengo nada en común. Soy tan abiertamente partidaria del derecho al aborto como se puede ser, pero, incluso en ese contexto, me encuentro con que la discusión se suele centrar más en que las mujeres puedan decidir cuándo tener hijos y no en que puedan decidir tenerlos o no, y punto.

Y el argumento del otro lado es aún peor: las personas que se oponen al aborto parecen creer que el derecho a la vida de un feto nonato es más importante que el de la persona que lo gesta, pero lo que se insinúa es que una mujer que no cumple con su supuesto «deber» biológico de tener hijos es inhumana. Dar por sentada la decisión de tener hijos es increíblemente dañino y, en lugar de eso, deberíamos dar libertad a las personas para decidir si tener hijos es algo que tiene sentido para ellas a nivel emocional, económico o lo que sea. Al fin y al cabo, tampoco es justo para los niños, que merecen tener madres y padres que los quieran.

* * *

La maternidad y la paternidad también están conectadas a la pareja romántica de una forma que considero muy limitante. Por ejemplo, antes de poder articular mis opiniones sobre la maternidad, creía que, al empezar a salir con Pili y enamorarme de él, obtendría todas las respuestas. En aquel entonces, aún tenía la impresión de que la maternidad era mi única opción como mujer.

Así que cuando Pili y yo formamos una pareja, pensé: «Ahora que he encontrado a mi alma gemela, en cualquier momento querré tener hijos». Porque todo lo que había consumido en mis más de veinte años de vida hasta ese momento me había dicho que encontrar a la persona indicada me catapultaría sin duda a ese pensamiento. Por fin sería capaz de verme como madre, porque mi media naranja formaría parte de mi vida, ¿y de qué servía tener citas y casarse si no planeaba terminar formando una familia? El patriarcado va incluso un paso más allá y dice que una mujer que no puede, o no quiere, dar a un hombre la familia que él desea no debería sorprenderse si este la deja por alguien que sí.

También quiero reconocer que, aunque los hombres tienen muchas más opciones vitales, a menudo también se ven empujados a la paternidad. Al fin y al cabo, gran parte de la fantasía de la masculinidad implica ser el cabeza y el sostén de un hogar donde hay niños a quienes transmitir tu sabiduría y tu legado sin tener la más mínima idea de cómo es un estilo de crianza compartido y equitativo. Dejando a un lado el hecho de que hay muchos hombres que ni siquiera deberían ser padres, esas expectativas ejercen presión sobre los hombres sin darles antes las herramientas para hacer las cosas bien. Es otro ejemplo de cómo algunas expectativas patriarcales concretas limitan la forma en la que todos nos enfrentamos al mundo, no solo las mujeres.

Como Pili y yo supimos rápidamente que queríamos estar juntos pasara lo que pasase, supimos que necesitábamos hablar sobre nuestras posturas al respecto de varias de las preguntas que afectaban no solo a nuestros futuros individuales, sino también al que queríamos construir juntos. Como yo soy yo y Pili es Pili, nuestra mayor prioridad siempre ha sido tener una relación de absoluta transparencia y responsabilidad compartida. Así que, desde el principio, hablamos de cosas esenciales, y a veces aterradoras, sobre el futuro. ¿Qué imaginábamos para nosotros? ¿Encajábamos en la idea que el otro tenía del futuro? En tal caso, ¿estábamos dispuestos a apoyarnos mutuamente para alcanzar esas metas compartidas e individuales?

La cuestión del matrimonio fue la primera pregunta importante que nos surgió, y nuestra respuesta fue idéntica: claro que sí. Pili me dijo que, antes de lo nuestro, nunca había querido casarse. Y que, después de nuestra tercera cita, supo que se casaría conmigo. Yo sentía exactamente lo mismo. Sin dudarlo ni un poco, sabía que quería pasar el resto de mi vida con él. Tomar esa decisión fue como respirar: natural y necesario. Ahora bien, en lo que respecta a tener hijos, era como si a ambos nos faltara el aire. Los dos opinábamos que era un gran «a lo mejor». No lo teníamos claro. Siempre procuramos tener en cuenta los sentimientos del otro y dejar abierta la posibilidad, porque ambos temíamos cerrar la puerta del todo por si no era lo que el otro quería. Siempre decíamos cosas como «Podría ser» o «Si lo hiciera, solo querría hacerlo contigo».

Aun así, el tono de nuestras conversaciones nunca fue de certeza. Siempre era un «tal vez». Y lo que sé ahora es que si no es un «sí, joder», entonces es un «no». No se le puede dar muchas vueltas a lo de traer vida al mundo: lo quieres hacer o no. Es lo mínimo que te debes a ti misma porque, una vez seas madre, no puedes dar marcha atrás, y tu futuro hijo merece nacer en un mundo donde sea amado de todo corazón.

En esa etapa temprana de nuestra relación, yo aún creía posible existir en ese espacio intermedio de incertidumbre, porque aún no estaba en una posición en la que pudiera hacerme cargo y sentirme segura de mis convicciones. Lamentablemente, me vi obligada a entender lo importante que es contar con un consentimiento entusiasta en cuanto a la maternidad por una experiencia que jamás pensé que tendría que vivir.

* * *

Varios años después de empezar a salir con Pili, hubo un mes que se me retrasó la regla. Como había practicado deporte toda la vida, estaba acostumbrada y no era raro que mi ciclo se retrasara meses enteros. Pero cuando estás en una relación estable, que tu período sea irregular puede ser preocupante por una razón muy concreta.

Al principio no me alarmé. No era la primera vez que pasaba y, hasta entonces, la regla siempre había terminado por bajarme. Pero cuando los días se convirtieron en semanas y yo seguía sin ver ni rastro de mi período, empecé a ponerme nerviosa. Para estar seguros, Pili me compró un test de embarazo. Yo aún no estaba del todo convencida, así que incluso mientras lo hacía intenté no estresarme y me decía que no era más que por precaución.

Pero cuando llegó el momento de mirar el resultado, no pude. Así que le pedí a Pili que lo hiciera... y se puso blanco. El test había dado positivo. Cuando me lo dijo, creí de verdad que era broma, pero su expresión era absolutamente seria: mi vida estaba a punto de cambiar. No sabía qué decir. Él empezó a caminar de un lado a otro de la habitación mientras yo me quedé allí sentada, quieta, incrédula.

Finalmente, rompí el silencio. Las primeras palabras que salieron de mi boca fueron: «¿Qué vamos a hacer?». Creo que en ese momento mi pregunta lo hizo salir de su estupor, porque se acercó a mí, se sentó a mi lado, me cogió la mano y dijo: «Lo que tú quieras. Sea lo que sea lo que tú quieras hacer, yo te apoyo. Siempre te apoyaré, pase lo que pase».

Me rompí por completo y empecé a llorar mientras nos abrazábamos. Aparte del miedo, yo sabía por qué estaba llorando, y él también. Yo sabía lo que quería. No tenía el valor para decirlo en voz alta, pero lo sabía sin que ninguno de los dos tuviera que verbalizarlo.

Como persona a favor del derecho al aborto, quiero decirte algo a ti y a cualquier persona que opine lo contrario: decidir abortar no es fácil. No es una decisión que se tome a la ligera ni que siente bien. Es algo que, sin importar cuál sea tu postura, es fácil que te atormente. Más allá de las consecuencias físicas y médicas, que son muy reales, y las posibles complicaciones, tomar una decisión sobre algo que cambiará tu vida de forma radical nunca es divertido a nivel emocional ni mental. Abortar significa llegar a una bifurcación del camino y elegir por qué sendero seguir, sabiendo que jamás podrás volver atrás. Por eso me frustran tanto las posturas antiaborto que describen a quienes quieren abortar como personas flojas o débiles. Tratan el asunto como si la angustia física, emocional y mental que causa tomar una decisión de tal magnitud fuera algo fácil de soportar.

Pili lo entendió y sigo estando muy agradecida de que su primer instinto fuera asegurarme que me apoyaría fuera cual fuese mi decisión. Como pareja, ese embarazo afectaría a la vida de ambos. Pero como yo era la persona con útero en esa relación, la decisión era totalmente mía, y él respetó esa realidad. Ese respeto que tuvo Pili entonces por mi autonomía corporal me dejó claro que, en nuestra relación, éramos iguales de verdad.

Mientras estaba allí sentada, valorando lo que sabía ahora, una parte de mí esperaba que brotara aunque fuera una chispa de entusiasmo en medio de todo aquel miedo. Al fin y al cabo, ¿no se refieren a esto cuando te dicen: «Cambiarás de opinión cuando llegue el momento»? Bueno, el momento había llegado. Existía la posibilidad de tener un bebé con el amor de mi vida. Y lo único que sentí fue pavor y miedo de que esa experiencia ya hubiera cambiado mi relación, y de que fuera a cambiarla de forma aún más drástica como resultado de la decisión que sabía que tenía que tomar.

Todas las veces que había imaginado cómo sería una vida exitosa, feliz y emocionante para mí, la maternidad siempre había brillado por su ausencia. Así que sí, tuve una revelación, pero no la que me habían hecho creer que tendría. Sí me di cuenta de que la búsqueda de la maternidad es algo muy valioso e importante, con repercusiones enormes para la vida... y por eso no es para mí.

Fue entonces cuando decidí que abortar sería el mejor plan de acción. Busqué el centro de salud reproductiva más cercano y por suerte tenían hora para ese mismo día. Allí fuimos. Sentí que tardamos un millón de horas en llegar y los dos estábamos tan conmocionados que ni siquiera escuchamos música en todo el camino.

Pili solo me cogió la mano y me tranquilizó en voz baja mientras yo lloraba todo el trayecto. Cuando aparcamos, tuve que entrar sola. Me aseguró que me esperaría en el coche y que estaría conmigo pasara lo que pasase.

Entré y me encontré con las enfermeras, que fueron muy amables y pacientes conmigo mientras les contaba mi historia entre lágrimas. Me dijeron que la probabilidad de que un test de embarazo diera un falso positivo era prácticamente nula, pero que me harían un análisis por si acaso. La espera no debió de ser de más de diez minutos, pero fue insoportable. No dejaba de sentir ganas de levantarme de la silla, salir de la clínica, subirme al coche con Pili y pedirle que condujera hasta llegar de nuevo a nuestra vida, que hiciéramos como si nada de esto estuviera sucediendo, pero esa no era una opción, porque no era la realidad.

Cuando la médica volvió con mis resultados, me dijo que el análisis de orina había sido negativo. Había sido un falso positivo. Al final, no estaba embarazada.

No cabía dentro de mí del alivio, y si hubo algo que confirmó todo lo que creía saber sobre mí misma y mi postura sobre ser madre fue la alegría y el descanso que sentí en ese momento al oír que no estaba embarazada. Me puse a llorar frente a la médica, que me cogió la mano y me dijo que todo iría bien, algo pequeño y simple que significó mucho para mí. Ahora que echo la vista atrás, agradezco haber tenido la experiencia de estar allí, en el centro de salud reproductiva, por el simple hecho de que me confirmó lo esenciales que son las mujeres para el mundo. Ese día sentí el cuidado, la paciencia y la empatía de mujeres que ni siquiera me conocían, pero que reconocieron de inmediato la situación en la que me encontraba y me dieron lo que necesitaba a nivel emocional, y por eso tendrán mi eterno agradecimiento. El trabajo emocional que las mujeres llevan a cabo por otras personas y la profunda empatía que sienten por completos desconocidos son cosas que me conmueven muchísimo. Aquel día las necesité y ellas estuvieron allí. Ni siquiera sé si me recuerdan, porque estoy segura de que ven a cientos de mujeres en situaciones como la mía, pero si alguna de vosotras lee este libro, quiero que sepáis lo agradecida que estoy. No tenéis ni idea de lo mucho que hicisteis por mí. Desde lo más profundo de mi corazón, gracias.

* * *

Ese día fue un momento crucial para mí, no solo porque me aclaró de forma definitiva qué pensaba sobre la maternidad. Cuando parecía que todo había terminado, tanto Pili como yo tuvimos una sensación rara. Algo que ninguno de los dos pudimos articular en el momento. Sí, estábamos absolutamente aliviados de que, al final, yo no estuviera embarazada, pero había algo más. ¿Por qué estaba tan aliviada? ¿Por qué me había enfadado tanto conmigo misma cuando pensaba que iba a abortar? ¿Por qué sentía ese temor y esa vergüenza tan increíblemente agresivos? Creo que ninguno de los dos estaba preparado en ese momento para desentrañar todo ese trauma emocional.

Así que no lo hicimos. Nos esforzamos al máximo por ignorarlo y seguir adelante como si nada hubiera sucedido. Pili y yo no hablamos de lo ocurrido y, durante meses, no se lo conté a nadie. Jamás le oculto cosas a mi familia, mucho menos a mi madre y mi hermana, pero esto sí. Me juré que no se lo contaría a nadie porque no era asunto suyo. Y al final ni siquiera había sido real, así que ¿a quién le importaba? Huir de los problemas nunca funciona, pero joder si lo intenté. Aunque resulta que, al final, no fui lo bastante rápida.

Después de mucha terapia y autorreflexión, ahora sé por qué tuve, y tengo, tantos problemas con esa experiencia. Me sentí avergonzada por varios motivos. Me daba vergüenza haberme metido en esa situación, haber tenido que lidiar con ella en secreto, haber querido abortar... pero, más que nada, me daba vergüenza tener por fin la confirmación de que jamás querría tener hijos. Y llegar a esa conclusión fue la peor sensación del mundo, porque lo sabía en serio.

La verdad me atormentaba de manera tal que empezó a transformar para mal la relación que tenía con mi novio y mi familia. Después de un par de meses de ocultar esos sentimientos y luchar contra ellos en mi interior, decidí por fin que estaba cansada de guardármelo todo.

Cuando les conté a mi madre y a mi hermana la verdad sobre la falsa alarma del embarazo, lloramos las tres. Nos abrazamos y procesamos nuestros sentimientos, algo que no me había dado cuenta de que necesitaba con tanta desesperación. Tenía mucho miedo de admitir ante mi madre que no quería tener hijos, sobre todo porque ser madre es algo que a ella la empodera mucho y ha creado una vida maravillosa para mí y mis hermanos. Al fin y al cabo, admirar a mi madre fue lo que me hizo valorar dirigirme hacia el rol de «madre» tan a menudo de pequeña. Cuando te crías en una casa samoana, el legado de tu familia lo es todo, y los apellidos tienen una importancia enorme. Mientras yo luchaba con la sensación de auténtico desdén por la idea de tener hijos, sentía una gran culpa potenciada por mi cultura. Todo ese sufrimiento era autoinfligido, pero creo que era de esperar dado lo orgullosa que estaba de ser samoana y formar parte de esa comunidad. Sentía el orgullo inmenso de las madres y los padres samoanos, los míos incluidos, cuando tenían una enorme y bella familia que representara su nombre. Sentía el amor de una familia gigante, con multitud de abuelos, tías, tíos, primos y primas. ¿Cómo podía decirles a mis abuelos que ese no sería el caso de mi linaje?

Puedes imaginar el alivio y la extraordinaria sensación de liberación que sentí cuando por fin pude compartir una experiencia emocionalmente angustiante con las personas más cercanas a mí. Así que durante nuestra conversación, cuando reconocí ante mi madre que era posible que jamás quisiera tener hijos, ella se detuvo un segundo y me preguntó: «¿Por qué crees eso?». Mi respuesta fue simple pero directa: «Porque si la mera idea de quedarme embarazada no me hace sentir nada más que ansiedad y miedo, creo que es una señal muy clara de que no debería tener hijos». Me parece que la sinceridad de mi respuesta impactó a mi madre de inmediato; supo que lo decía en serio. Y esa fue la única confirmación que necesitó, porque tanto ella como mi padre no quieren otra cosa más que yo sea feliz. Después de todo, debería haber sabido que parte de lo que hace que mi madre sea una persona extraordinaria es lo mismo que la convierte en una madre asombrosa: respondió con un amor y un apoyo absolutos, como siempre ha hecho y siempre hará, sin importar lo que le cuente sobre mí. Ese año, para Navidad, nos regaló a Pili y a mí algo para nuestra futura casa con una nota que decía: «Para cuando construyáis vuestra casa familiar. Ya sabéis, con un par de perros». (Y sí, eso me hizo llorar, lo admito. No quiero hablar del tema, joder).

En cuanto a Pili y yo, por fin tuvimos una conversación larga y completamente sincera que deberíamos haber tenido antes sobre por qué esa experiencia nos había sacudido tanto. Es irónico, porque un embarazo lo habría cambiado todo y, a pesar de que resultó ser un falso positivo, solo el estrés y la incertidumbre de la situación casi bastaron para cambiarlo todo igualmente. Hicieron falta muchas lágrimas, mucho amor y confianza mutua, pero por fin pudimos llegar juntos a la conclusión de que ninguno de los dos quería tener hijos. Era solo que no queríamos perder a la otra persona si su opinión era diferente. Visto en perspectiva, eso no fue más que otra confirmación de que estábamos destinados el uno para el otro (por más cursi que suene esta mierda). Más tarde, fue como si nuestra relación se hiciera aún más profunda. Saber que estábamos totalmente de acuerdo sobre la maternidad y la paternidad quitó de en medio la última gran incertidumbre que nos complicaba imaginar nuestro futuro juntos. Ahora sé lo necesario que es tener esas conversaciones sinceras con tu pareja, pero lo que es más importante es ser sincera contigo misma.

Creo que esa experiencia fue el último hierbajo que me quedaba por arrancar de mi misoginia interiorizada. Aunque ya apoyaba que las mujeres quisieran tener una carrera profesional o ser cualquier otra cosa que no fuera madres, ninguna situación me puso tan a prueba como esas horas en las que creí que debía elegir entre ser una cosa u otra. Saber y creer que las mujeres merecen tener el derecho a decidir qué hacer con su cuerpo y su vida, sea lo que sea, es esencial para ser feminista. No hay una sola manera correcta de ser mujer, la única manera es la tuya.

10. Tú lo vales

No debería sorprendernos que las mujeres y *femmes* deban enfrentarse a episodios de baja autoestima al crecer en una sociedad que no deja de pedirles que sean la versión más pequeña, callada y pasiva de quienes son en realidad. Es difícil tener una autoestima positiva y firme cuando tantos de nuestros sistemas intentan hacernos sentir culpables por existir activamente dentro de los márgenes de esta sociedad patriarcal, misógina, gordófoba y racista. En este entorno hipercrítico, la experiencia de pasar por un revés personal puede parecer el fin del mundo.

Hay un motivo por el que esto suele parodiarse en programas de televisión y películas: es fácil identificarnos con la heroína caída que llora histérica, con el maquillaje corrido por las lágrimas, aferrada a una caja de bombones a medio comer después de que la dejen; o con la heroína que cambia totalmente su apariencia (en realidad, solo se quita las gafas) para conseguir al tío que, en cualquier caso, la abandonará antes del baile; o la que acaba de ser despedida y corre detrás de su jefe y el de Recursos Humanos, que le cierran en las narices las puertas del ascensor. Cuando tienen experiencias negativas, ya sean profesionales, personales, románticas o lo que sea, las mujeres tienden a culparse (y la sociedad espera que lo hagan). Nos sentimos presionadas a ceder al autodesprecio y llegar a la conclusión de que hemos fracasado y que todo ha sido culpa nuestra sin dar un paso atrás para evaluar qué fue realmente lo que pasó. E incluso cuando reconocemos los factores culturales, sociales y políticos que intervienen en cualquier situación, a menudo pensamos que eso es lo único que podemos hacer, cuando en realidad es solo el primer paso. Ver que no somos las únicas culpables no debería ser el final del relato, sino el principio.

Esto no significa que no debamos responsabilizarnos de nuestras decisiones, pero es verdad que existe una socialización concreta que hace que las mujeres y *femmes* asumamos automáticamente más responsabilidad de la que nos corresponde (lo que muchas veces significa que hacemos la mayor parte del trabajo emocional), mientras que los hombres evitan aceptar la responsabilidad siempre que sea posible (un mal hábito que se les suele perdonar). Cuando algo no sale bien, solemos suponer tan rápidamente que ha sido solo culpa nuestra que lo sobrecompensamos aceptando la responsabilidad de todo, lo que perjudica nuestra felicidad y bienestar. Conocer tu valor (y aferrarte a él incluso con más fuerza durante los reveses) te salvará de la persona que muchas veces es tu peor enemiga: tú.

¿Quién es la mía? La mía es virgo. Le encanta planear, manifestar y ejecutar sus metas a la perfección. Siempre tiene un plan, un plan del plan, y un plan alternativo, por si acaso. Planea con cinco, seis, siete años de antelación o más. Y detesta que sus planes no se hagan realidad, da igual cuántas veces le recuerden que nada en la vida está garantizado ni es permanente. El universo se ríe en la cara de quienes, como yo, esperan que todos los planes salgan tal como los hemos concebido. Así que sí, ella y yo hemos estado trabajando en muchas cosas, pero hacerla entrar en razón y no caer siempre en los pensamientos más crueles que se le ocurran se ha vuelto cada vez más fácil con el tiempo y la experiencia.

Si hay algo que ella y yo hemos aprendido a mis veintitantos años es que, a veces, que todos tus sueños sucedan tal como los imaginaste es lo que necesitas para saber que tus planes eran una mierda desde el principio. Y eso me da pie para regresar al comienzo de este libro y contarte por fin la historia completa de lo que pasó cuando me despidieron.

* * *

Aunque en aquel entonces todos los miembros de mi familia tenían su propia empresa o eran autónomos (y no se cansaban de advertirme que el mundo empresarial era frío y que a las empresas no les importan una mierda las personas, mucho menos alguien como yo), cuando me gradué de la universidad yo seguía convencida de que quería el prestigio que va de la mano de trabajar en una empresa de entretenimiento gigante cuyo nombre es reconocido en todo el mundo. La empresa recibía cientos, si no miles, de currículums para cubrir sus vacantes y, por fin, en el verano de 2019, yo ocupé una de ellas.

Resultó que toda esa asertividad, autoestima y seguridad que me había esforzado en forjar en la universidad podían desmantelarse muy fácilmente ahora que era la nueva de la oficina. Nadie allí quería escuchar que mi ambición era ascender en la escala corporativa o, al menos, avanzar más allá de mi puesto inicial, no hasta que se decidiera de forma aleatoria que estaba lista y que me había ganado el derecho a trabajar en esa oficina. Es más, poco a poco empecé a ver cómo el entorno patriarcal en el que trabajaba se atribuía el mérito de mis ideas y luego me convencía de que debía ser así para alcanzar la meta general de la iniciativa. Si de verdad era una buena jugadora en equipo, cedería todas mis ideas sin quejarme y en algún momento alguien vería mi ética profesional y me recompensaría. Pero ¿sería así? ¿Y cuándo se suponía que iba a pasar?

El pánico me invadió y, de pronto, vi que no tenía ni idea de dónde me había metido. Mi instinto me decía que algo iba mal, que no debería sentirme así cada vez que estaba en la oficina, pero siempre que hablaba con mis compañeros, me aseguraban que no había de qué preocuparse. Todo eso era parte del trato: había entrado en una empresa enorme, comenzaría desde abajo, comería mierda un tiempo y luego comenzaría a subir. Pero déjame contarte un secreto: nadie quiere comer mierda. Y esta idea es directamente peligrosa para las mujeres, sobre todo para las racializadas y sobre todo en espacios dominados por hombres (que todas sabemos que son la mayoría). Conocí a otra mujer que tenía mi mismo puesto y me sorprendió saber que llevaba ocho años en él. La habían pasado por alto para tantos ascensos que yo veía que ya había dejado de soñar con uno, y eso validó lo que mi instinto me había estado diciendo todo ese tiempo.

La cosa acabó fatal. Menos de un año después de empezar, me llamaron a una de las salas de reuniones y me despidieron. Enumeraron un montón de motivos para haber tomado esa decisión, pero la que más destacaron fue que no creían que yo fuera capaz de hacer lo que el trabajo requería: ayudar a construir una plataforma y atraer al público. Mi síndrome de la impostora se activó a tope y comenzó a patearme el culo en mi diálogo interno: «Claro que me han despedido. Todas las personas con las que me he cruzado querían que me fuera. Tardé dos años en conseguir ese puesto… ¿cómo voy a conseguir otro?». Mi autoestima estaba más baja que nunca y quizás por primera vez en mi vida no estaba segura de creer en mí. ¿Quién era yo si no podía alcanzar con éxito las metas que durante años me habían servido para definir quién era y qué quería en la vida?

Ahora sé que mi experiencia ni siquiera fue única en el contexto del mundo empresarial de Estados Unidos, donde se valoran los beneficios y la satisfacción de los accionistas por encima del ambiente laboral y el bienestar de los empleados. Aun así, fue una de las experiencias más difíciles y emocionalmente agotadoras de mi vida como joven adulta, y si hay algo que me habría encantado entender entonces es esto: no pueden pedirte que dejes tu personalidad en la puerta de la oficina para hacer un trabajo corporativo, aunque quieran hacerte creer que ese es el único camino al éxito. Te debes ejercer siempre tu voluntad personal. Sin importar cuál sea.

Jamás olvidaré ese último día cuando salí del edificio de oficinas y fui a mi coche cargando con todas mis pertenencias. Estaba en el asiento del conductor, con las manos sobre el volante y lágrimas resbalando por las mejillas mientras pensaba: «¿Qué acaba de pasar?». El camino a casa iba a ser largo. Primero llamé a mi madre, como siempre, pero no lo cogió. Luego llamé a mi hermana, pero su teléfono también me llevó al buzón de voz. Mi padre lo cogió a la primera. En un estado de conmoción casi absoluta, le conté lo que había pasado.

Para mi sorpresa, él estaba encantado. Me dijo, muy emocionado, como si hubiera estado guardando un secreto: «Ese lugar no era para ti en absoluto. Este es un momento clave para ti». Confundida, le recordé que acababa de perder el trabajo, pero él hablaba muy en serio. Aunque no lo sentí así durante las dos horas y media que tardé en llegar a casa, ni durante las semanas y meses que siguieron, con el paso del tiempo me di cuenta de que tenía razón.

Al día siguiente fuimos a Disneyland, donde sabían que me resultaría particularmente difícil sentir lástima por mí misma. Admito que me ayudó a no pensar en el despido traumático que acababa de vivir. Mi madre incluso me compró una taza en una de las tiendas de regalos para conmemorar el momento. Me dijo: «Esto es para recordarte todos los días que estás destinada a grandes cosas. Algo diez veces más grande te espera a la vuelta de la esquina. Lo presiento». Aunque seguía siendo algo escéptica, secretamente empecé a valorar la idea de que mi familia pudiera tener razón. Quizás habría un día, en un futuro no muy lejano, en el que podría recordar esta experiencia con una sonrisa desde mi nueva y mejorada vida profesional. Aunque pensarlo me parecía un lujo que no merecía, me reconfortaba valorar esa opción.

* * *

Dos semanas después, el mundo se cerró por completo. Covid. Sin la normalidad de la rutina diaria de salir a tomar un café o ir al gimnasio, de ir de compras o quedar con mi familia o amistades para cenar, lo único que podía hacer era darle vueltas a la cabeza a todos los sentimientos negativos asociados a la pérdida de mi trabajo soñado. Sentía que todos mis planes se habían ido a la mierda y no veía la salida de lo que me parecía una pesadilla.

Pero si algo no me faltaba era tiempo para pensar, y empecé a recordarme con amabilidad que mi puesto de trabajo no era lo más importante del mundo. Aún tenía mucho por lo que sentirme agradecida, sobre todo en ese momento, y era fácil de ver. Tenía una familia llena de amor y un hogar al que podía regresar siempre que lo necesitara. Tenía un sistema de apoyo que me ofrecía opciones y tenía mucha suerte de que así fuera. Mi dolor tenía todo que ver con el hecho de que había ligado todo mi maldito valor a un trabajo. Mi seguridad se había visto sacudida y me estaba costando muchísimo admitir que lo que había construido en mi cabeza como el primer peldaño hacia mi vida soñada era en realidad solo un estúpido trabajo.

Tu trabajo no te define. No me importa que estés en el nivel más bajo y ganes el salario mínimo, como yo al principio, o que tengas muchos títulos y dirijas varios negocios de éxito. Tu trabajo jamás será la parte más importante de tu vida, ni lo único que te alegre y te recuerde que estás viva. Esos momentos solo suceden en la vida, no en el trabajo, y por eso siempre debe haber un equilibrio. Si me lo preguntas hoy, seré la primera en jurar que el trabajo y las estructuras empresariales, como los hombres detestables, te succionarán la vida. Absorberán toda tu energía emocional y espiritual, harán que dudes de tu valor y, si la cosa acaba mal, te convencerán de que ha sido todo culpa tuya. Pero en 2020, cuando aún estaba pasando por todo eso y mi autoestima estaba afectada, yo basaba mi valor solo en logros externos. Media docena de familiares insistían constantemente en que yo era mucho mejor que el puesto que acababa de perder, y yo *seguía* queriendo castigarme por haber dejado que me masticara y me escupiera de esa manera.

Cuando estás en el mejor momento de tu carrera profesional, el trabajo puede hacerte sentir tanta satisfacción y validación que te convence de que es una fuente de gratificación y sentido vital. Pero el espacio laboral es cambiante y nadie permanece en la cima eternamente. Habrá decepciones, habrá conflictos y crisis, y la única certeza en la vida es la incertidumbre. Cuanto antes lo reconozcas, antes comenzarás a separar tu valor tanto de tu éxito como de tus reveses.

Había dado muchísimo de mí para tener esa oportunidad: pasé días enteros de mi vida, e incluso semanas, sentada en mitad del tráfico para ir o volver de la oficina. Pili y yo apenas nos veíamos y, durante gran parte de aquel año, nos cruzábamos casi sin encontrarnos. Convertí mi trabajo en mi prioridad porque eso era lo que este me exigía y, sin preguntarme qué era lo que yo necesitaba de mí, cometí el fatal error de no ser firme y no proteger mis límites.

En ese momento fue fácil dejar que sucediera porque ni siquiera sabía cuáles eran mis límites. Había pasado tanto tiempo concentrada en conseguir y, con suerte, conservar el trabajo que, a decir verdad, no tenía un plan sobre cómo mantener el equilibrio entre ese trabajo y todo lo demás. Descubrir mis necesidades fuera del trabajo y fijar límites acordes ha sido el proceso más importante para recuperar mi autoestima en los últimos años, mientras me reponía de este enorme revés profesional.

* * *

Cuando estaba en la universidad, usaba Snapchat para compartir con amigos comentarios similares a los que publico ahora, ya fueran sobre los estudios o sobre un tío que me hubiera cabreado, pero dejé ese pasatiempo cuando empecé a presentarme a puestos de trabajo por miedo a que me hiciera perder alguna oportunidad. Ahora que ya me había graduado, que tenía mis títulos y que por fin podía sacarle provecho al nombre de género neutro que mis padres me habían puesto en concreto para ayudarme a conseguir entrevistas laborales, sobre todo en el mundo de los deportes, no podía arriesgarme a ser una payasa en línea. Además, supuse que tendría que dejar sitio en mi presencia en línea para vídeos oficiales y promocionales profesionales. Pero ahora que me habían despedido y mi trayectoria laboral era incierta, ya lo había superado. Así que hice lo que todo buen estadounidense en paro hacía: me uní a TikTok. Si ya no iba a aparecer en pantalla en mi supuesto trabajo soñado en un grupo mediático, al menos lo haría en otro sitio.

Desde el principio, algo de todo eso parecía estar hecho a mi medida para resaltar mi encanto y, antes de darme cuenta, mi plataforma lo petó. Tuve mi primera publicación viral, alcancé el millón de seguidores, me hicieron un perfil por primera vez en el *New York Times*, me homenajearon en la revista *Time* y jamás deja de asombrarme que todo eso sucediera literalmente como resultado de que me despidieran de un empleo por no poder atraer al público. De pronto estaba haciendo eso mismo, y todo porque me había librado de las fuerzas externas que no podía controlar, había encontrado la voluntad para seguir adelante y, por último, estaba mostrando mi yo más auténtico. Resulta que mi empleador anterior tenía razón en una cosa: no estaba hecha para ese importante canal de deportes. Estaba destinada a algo mucho más grande.

*　*　*

Si creemos lo que dicen los hombres detestables de internet, que los «señalen» es el mayor acoso que alguien puede experimentar y, según ellos, es equiparable (y me encantaría que fuera broma) a la opresión de los grupos marginados, pero la realidad es que, la mayor parte del tiempo, lo único que hago es describir su comportamiento. Les pongo un espejo para que vean claramente quiénes son y lo desagradables que son. ¿Y a que no imaginas qué pasa? Resulta que, en realidad, a los hombres misóginos no les gusta ver su reflejo. Yo podría hacer el comentario más objetivo del mundo, e incluso repetir palabra por palabra lo que dicen, y ellos actuarían como si hubiera cometido un horrible crimen de odio en su contra. La reacción que tienen es casi siempre más preocupante, porque en lugar de reaccionar a la misoginia, reaccionan a que yo me ría de ellos.

Mira, yo soy una chica muy amiga de las afirmaciones, y cuando se trata de hombres misóginos y su forma de tratar a las mujeres y las *femmes*, siempre tengo una muy presente en la cabeza: merezco respeto. A pesar de su engañosa simplicidad, es un mantra muy eficaz que condensa, no solo una explicación sobre por qué mi contenido tiene un efecto tan grande en mi comunidad y en los *haters*, sino también mi filosofía de vida en general.

Lo único que hace falta para provocar a estos hombres es responder. Da igual que empieces con algo pequeño, lo importante es que lo intentes. En un mundo en el que se intenta complacer a algunas personas durante toda la vida y se las adoctrina para que crean que son superiores a otras solo por su raza, género, riqueza familiar, etc., a veces la mejor respuesta a su comportamiento no es la educación. Tampoco la paciencia ni la empatía (dos cosas que reciben en abundancia y que no merecen de comunidades marginadas). La mejor respuesta es reírse en su cara y a carcajadas. Es aplicar la misma lógica y humor neandertales que ellos implementan en su vida diaria y devolvérsela. Eso es lo que los hombres horribles, los racistas, las personas groseras, prejuiciosas, los jefes crueles y las *pick me girls* no soportan. Porque, en definitiva, son cobardes. Temen la percepción que tendrán otros hombres de ellas si defienden a las mujeres en público. Temen cualquier diferencia percibida que pueda hacerlas salir de su zona de confort. Temen examinar los privilegios muy reales que tienen, porque podrían darse cuenta de que no son nada especiales, sino mediocres. Pero más que cualquier cosa, temen reconocer sus sesgos interiorizados y, por supuesto, responsabilizarse de ellos.

Seguro que ya te has dado cuenta a estas alturas de que soy una zorra a la que le encanta tener razón (al mejor estilo virgo), sobre todo cuando es frente a una persona horrible. Y me aseguraré de que ella se entere. ¿Qué pasaba cuando, de pequeña, veía que los matones se aprovechaban de la bondad de mi hermana en el patio del colegio? No solo decía algo, también hacía algo al respecto: cuando jugábamos a casitas y los otros niños intentaban asignarle el papel del «perro», yo los corregía: «No, el perro eres tú. Deison es la hermana y yo soy la madre». ¿Qué pasó cuando llegué a la universidad y vi que hombres cualquiera trataban mal a mis amigas? Los destruía cada vez que se me presentaba la oportunidad para que nunca olvidaran que todas las mujeres con las que tuvieran el placer de cruzarse merecían algo mejor que ellos. Y, desde luego, ¿qué pasó cuando empecé a crear contenido y me di cuenta de que internet también estaba repleto de hombres detestables que hostigaban a mujeres y muchas otras personas de formas que jamás había visto? Repite conmigo: Alcé. La. Voz.

Por supuesto, quiero aprovechar este momento para reconocer que existe violencia real en este mundo, sobre todo dirigida a personas racializadas, mujeres y *femmes* de todas las razas y todos mis amigos de la comunidad LGBTIQA+. Cuando existe un peligro real de sufrir daño físico, quiero que hagas todo lo posible por mantenerte a salvo y con vida para seguir experimentando todo el amor y la alegría que el mundo tiene que ofrecer. No estoy diciendo que debas ser asertiva ni decir algo cuando eso podría poner en peligro tu vida, por más que sea una mierda absoluta tener que reconocer esa posibilidad en cualquier grado. Todo el mundo merece existir de forma segura siendo totalmente quien es. Y no vale la pena sacrificar tu seguridad por nada, mucho menos por un hombre detestable cualquiera que anda por ahí suelto.

Pero para mis tías duras que están lidiando con alguna situación más sutil de prejuicio que podría compararse con una muerte a pellizcos, cosa que lamentablemente abunda en la sociedad contemporánea, os aliento a tomaros en serio este mantra: merezco respeto.

* * *

Para muchas personas, lo de no querer alzar la voz se basa en el deseo de no querer montar un numerito y un miedo real a que hacerlo o hacerse valer pueda malinterpretarse como un acto de agresión. Y, sobre todo en el caso de las mujeres, se basa en el deseo de evitar ser insultadas y que las llamen «estiradas» o «zorras». Es especialmente terrible cuando a eso se suman otras distorsiones relacionadas con prejuicios racistas, clasistas, homófobos o tránsfobos.

He sido blanco de esos prejuicios y, a lo largo de mi carrera, me han dicho a menudo que soy excesivamente agresiva o han pasado directamente de mí, pero la única experiencia que me cabreó de verdad fue cuando mi comunidad me habló de otra creadora que estaba diciendo exactamente lo mismo que yo y que me estaba plagiando. Robó muchos de mis chistes literalmente, copió mi tono, mi cadencia e incluso mis gestos. Cuando fui a su página, me asombró ver que, mientras yo recibía amenazas de muerte e insultos racistas y gordófobos en la sección de comentarios, el mismo grupo demográfico de hombres horribles estaba en su sección de comentarios diciendo cosas como «Hay cosas que dices que son ciertas». Y sí, era una mujer blanca. Para que quede claro, no estoy enfadada con ella, porque obviamente no creo de ninguna manera que ella (ni nadie) debería ser blanco de las mismas críticas agresivas que yo soporto, sino con la doble moral de los hombres que tratan de forma distinta a las mujeres que tienen mi aspecto y a las que tienen el de ella.

A menudo bromeo con que soy excesivamente conflictiva, pero el motivo por el cual no cambio es que nunca lo soy porque sí, sino que siempre tengo un propósito y una intención claros. Darte cuenta de lo mucho que la sociedad tiene en tu contra puede hacer que te sea difícil reunir el coraje necesario para alzar la voz y ser asertiva, pero quiero que sepas que es precisamente porque la sociedad está en tu contra que es tan importante que te defiendas. Importas y mereces ser tratada de una manera que lo refleje. Hoy más que nunca, necesitamos tu voz.

Poder expresarte y reafirmar tu voluntad es jodidamente genial y empoderador. Esto puede implicar no presentarte siempre de formas agradables para los hombres. He descubierto que sentirte cómoda siendo vulnerable en algunos momentos y fuerte y segura en otros es una de las claves para ser feliz en la vida. Aunque ya no tengo jefe ni nadie a quien responder más que las personas que yo misma he seleccionado para formar parte de mi equipo, sigo siendo muy consciente de lo que valgo cuando recibo oleadas de hombres detestables e indignados que inundan mis comentarios y comparten mis vídeos para reunirse en mi contra, arrojando cuanto insulto poco creativo exista bajo el sol. Lo que ellos tengan que decir no significa nada para mí, porque estoy muy ocupada centrándome en la participación de la comunidad que he construido junto a las personas que me agradecen haberles dado las herramientas necesarias para iniciar el proceso de desaprender las profundas raíces que el patriarcado ha echado en nuestra cabeza. Lo que me impulsa a seguir son los mensajes privados que recibo, los comentarios y las veces que alguien me detiene en la calle para decirme que le di la confianza para salir de una situación de mierda o hacerse valer.

Está claro que perder el trabajo que creí que estaba destinada a tener terminó siendo el primer peldaño para llegar a donde estoy. Ahora me resulta evidente. Pero aunque se decidió de manera unánime (por todos menos yo) que aquel no era mi sitio, a veces me preocupo cuando pienso en la próxima persona joven que cruce las puertas de esa oficina llena de esperanzas. Hay muchísimos problemas sistémicos que actúan contra las mujeres, *femmes* y personas racializadas en los espacios laborales, desde la falta de beneficios y cobertura médica para los empleados de los puestos más básicos hasta la brecha y la compresión salarial según el género y la menor cantidad de oportunidades de crecimiento en este contexto económico. Todas necesitamos apoyo y alguien que esté a nuestro lado. Nos necesitamos las unas a las otras.

Sé firme en tu intención de hallar una comunidad. Hazte amiga de colegas que se encuentren en una posición similar y que también sean mujeres racializadas jóvenes, miembros de la comunidad LGBTIQA+ y aliados interesados en hablar con sinceridad y transparencia sobre la carga laboral y los salarios. La información es poder, y la única forma de hacer que los lugares de trabajo sean más equitativos es hablando, sobre todo si perteneces a minorías. Lo único más poderoso que conocer tu valor es reconocerlo y reafirmarlo junto a tus compañeras increíblemente talentosas, que están allí no solo para validar tus experiencias, sino también para luchar por ti cuando puedan.

Hoy en día, mi relación con el trabajo no es muy diferente a la que tengo con mi cuerpo: decididamente neutral. Para priorizar mi salud mental en ambos aspectos, ya no me permito medir mi valor según mis logros ni la percepción de mi cuerpo. He descubierto que una de las mejores salvaguardas para proteger tu valor en el trabajo es fijar límites. Hacerlo bien me llevó mucho tiempo, así que no fingiré que es fácil, pero incluso si no estás del todo preparada para tener una conversación con tus superiores o tu equipo sobre la implementación de algunos cambios para proteger el equilibrio entre el trabajo y la vida personal, es importante que empieces el proceso de reconocer cómo podrías estar sobrevalorando la percepción que se tiene de ti en el trabajo en detrimento de quién eres con tu familia, en las relaciones y como parte de tu comunidad, así como de tus metas no laborales. Porque así es, en la etapa adulta también puedes tener metas que no estén relacionadas con la carrera laboral, y quiero que sepas que, si es lo que quieres, puedes tenerlo. Si continúas sin hacer nada más que cavar más y más hondo en un intento por invocar la energía necesaria para dar todo lo que puedas de tu vida personal a tu trabajo, puedes dar por hecho que terminarás quemada.

Trabaja mucho, pero dentro de lo razonable, y nunca para confirmar ningún estándar tóxico de lo que una profesional joven y «hambrienta» debería lograr. Conocer tu valor significa darlo todo y más de ti por tu propio bien con la misma frecuencia, si no más, de lo que lo haces por el bien de cualquier organización o empleo. Hay un motivo por el cual te dificultan entender las reglas. Las empresas prefieren no pagarte —les encanta cuando las personas trabajan gratis, sobre todo si pueden

explotar tu deseo de cumplir expectativas y ascender en la escala corporativa—, pero hacer la vista gorda no es ni ético ni legal
por su parte. Así que saber que a las empresas no les interesa
luchar por ti y que no lo harán significa que tienes que luchar
por ti misma.

No tengo que decirte que le atribuyo todo el mérito a mi familia por haberme respaldado y por haber creído en mí, incluso cuando yo misma casi había dejado de hacerlo. Estoy realmente
agradecida por cómo se unieron para apoyarme cuando yo estaba en
mi peor momento. Me mantienen con los pies en la tierra, así que
los tengo bien cerca. Y me refiero a todos ellos. Si me invitan a algún lado, yo respondo con un: «¿Puedo llevar siete acompañantes?».
Mi familia lo es todo para mí y, ahora que tengo el privilegio de ser
mi propia jefa, una de mis prioridades es pasar todo el tiempo que
pueda con ellos. Los últimos años han sido un torbellino y no parece que el ajetreo vaya a calmarse pronto, pero priorizar los límites
que protegen el tiempo que paso con mi familia me da una alegría
enorme. Son un pilar absolutamente fundamental tanto para mi éxito como para mi felicidad. Cualquier momento libre que tengo se
lo dedico a las personas que me importan más en el mundo entero,
y nada es mejor que eso.

* * *

En los años en los que he tenido una plataforma pública, he recibido un sinfín de comentarios, mensajes privados y preguntas en
persona sobre relaciones, trabajo, autoestima y todo lo demás. Y
en la mayoría de los casos podrían reducirse a la misma: «En un
mundo que hace todo lo posible para limitar a alguien como yo,
¿cómo diablos gano seguridad?». Es cierto que, con el paso de los
años, he adquirido cierta reputación por mi forma descarada y sin
remordimientos de responder a los hombres intolerantes de internet.
Pero en esos mensajes me suelen pedir consejos concretos para personas que comienzan a forjar su amor propio, para quienes quizás mi

franqueza de gatillo fácil puede parecer una meta imposible. Un consejo que siempre les doy a las tías duras tímidas es empezar poco a poco. Si te cuesta decir algo a la cara de otra persona cuando te está faltando al respeto, lo más probable es que también dejes pasar malos comportamientos más pequeños. Corregir a alguien que dice mal tu nombre, pedir que te cambien la bebida cuando se confunden en Starbucks...; la lista es larga. Esa es la base para defenderte, así que cuando las personas me preguntan cómo pueden reforzar poco a poco su autoestima, yo siempre las aliento a empezar por ahí.

Las personas que hemos sido socializadas como mujeres o que hemos tenido que lidiar con expectativas racistas sobre lo que se considera respetable estamos condicionadas más que nadie a no agitar las aguas, sobre todo por pequeñeces. Pero, con el tiempo, esa respuesta «amable» condicionada se interioriza, y eso afecta a tu capacidad para juzgar qué es una pequeñez y qué es importante, lo que en definitiva acaba por erosionar tu capacidad para tolerar, o más bien no tolerar, las actitudes groseras y la falta de respeto a una escala mucho mayor.

Pero tengo buenas noticias, y es que nunca es demasiado tarde para hacerte valer, y es una de esas cosas que se vuelven más fáciles cuanto más las haces. Todo es cuestión de entrenar: cuanto más practiques, más mejoras. Al emprender ese camino, es importante recordar que defenderte no tiene nada de grosero. La primera vez que alces la voz será la más difícil, no hay manera de evitarlo, pero te prometo que el descanso que sentirás después te liberará.

La clave para ganar seguridad para defenderte está en comenzar por cosas pequeñas, porque servirán para que empieces a creer que siempre deberías hacerte valer y querer ser la mejor. ¿Por qué deberías dejar de corregir a alguien que pronuncia mal tu nombre? ¿O que te entrega el café equivocado? Claro que eso no es necesariamente un reflejo del carácter de esas personas, pero sí es un indicador de cómo te ves a ti misma. ¿Por qué crees que no mereces el respeto más básico? Algo tan sencillo como un error con tu nombre es importante en un marco más general, y es importante que reconozcas el valor de defenderte a ti misma, incluso en los momentos pequeños.

Por lo que he observado, este impulso proviene de funcionar en una especie de piloto automático social. Por ejemplo, si bebes un sorbo de tu café de Starbucks y te das cuenta de que se han confundido, tu instinto automático podría ser pensar algo como: «¡No pasa nada! ¡Es café!». Quizás ya vas camino a la salida y te resignes a conformarte con la bebida que sea sin que te preocupe haberla pagado.

¡No, cariño! Da media vuelta, regresa al mostrador, espera a que el barista termine con lo que esté haciendo y dile con amabilidad: «Disculpa, esto no es lo que había pedido». No estás siendo grosera, te estás defendiendo, porque lo mereces.

* * *

Imagina esto: si te enteraras de que tu amiga está aceptando pasivamente las faltas de respeto y el sexismo de su jefe, ¿qué harías? La defenderías y le dirías que merece algo mejor, y que tendrá que apoyarte con fuerza si no quiere que le hagas saber a su jefe lo que opinas. Si tu amiga recibe una oportunidad increíble, pero el síndrome de la impostora la hace dudar sobre si aceptar, ¿qué harías? Le dirías que lo haga sin dudar porque es inteligente, trabajadora y creativa. Si tu amiga está mirando una foto suya y lo único que ve son los defectos que ella percibe, ¿qué harías? Le dirías que está guapísima y que es perfecta tal como es.

Entonces, ¿por qué nunca te ofreces a ti misma esa misma capacidad emocional? ¿Por qué crees que no mereces el amor y el apoyo que ofreces con tanta libertad a las personas que quieres?

He visto a personas que son de lo más abnegadas, indulgentes y alentadoras con sus amigos y seres queridos, pero que luego dan media vuelta y se tratan a sí mismas con la mayor severidad posible. Pero del mismo modo que te gustaría que las personas que te importan se puedan ver a sí mismas como los individuos extraordinarios y brillantes que tú sabes que son, espero que seas capaz de extender a ti misma esa generosidad. Una vez empieces el ejercicio mental de imaginarte como una persona a la que quieres y respetas, espero que eso desencadene un viaje en el que te des cuenta y creas que tú eres alguien que merece ese mismo nivel de amor y respeto.

Un ejercicio que me gusta recomendar cuando sientes que estás cayendo en una espiral de ansiedad es hacer una pausa, respirar hondo e imaginar que sales literalmente de ti y ves a tu niña interior. Imagina que se dice todas esas críticas duras sobre su persona, su apariencia y todo lo demás. Imagina cómo se sentiría si te oyera infligir esas palabras hirientes que te dices a ti misma. Si se sintiera dolida por esas palabras y pareciera realmente alterada, ¿qué consejo le darías? ¿La criticarías? ¿O le darías algo de espacio? ¿Te sumarías a esas dudas que siente sobre sí misma o le ofrecerías aliento, apoyo y amor? Quiero que practiques este ejercicio y recuerdes lo mucho que tu niña interior te necesita. Cuando dudes de ti, quiero que veas esa versión tuya y que le ofrezcas todo el amor y el apoyo que ambas necesitáis... porque os lo merecéis.

Este ha sido el abordaje más eficaz para cambiar mi propia mentalidad porque, aparte de mi familia, lo que más valoro son mis amistades con otras mujeres y *femmes*. Ellas son las que me hicieron despertar y ver que apoyar los estándares del patriarcado era una empresa fallida y, en cambio, me ofrecieron una nueva base de amor, comunidad y apoyo. Sin ellas, no sería quien soy. Encontrar, forjar y cultivar esas amistades es de una importancia fundamental para mí. Qué privilegio es vivir habiendo sentido la calidez y el amor de las mujeres. No puedo hacer otra cosa que esperar que todas vosotras también lo sintáis.

Hacerte valer requiere esfuerzo. Pero aprender a hacerlo puede ser una de las cosas más gratificantes que hagas. Como sucede con cualquier tarea que parezca imposible, es importante empezar con algo pequeño y ser buena contigo. Me encantaría que, si después de leer este capítulo, mañana te encuentras con alguien que dice mal tu nombre, te sientas empoderada para decir: «En realidad, se dice así». Pero incluso si no lo haces, si solo se te cruza la idea, pero al final lo dejas pasar, ya es un progreso. Y si algo similar ocurre al día o al mes siguiente, estarás lista. Y cuando lo estés, ¡sigue adelante!

Es fácil para mí creer que eres alguien que merece amor y respeto, y recordarte que sin duda eres capaz de hacerte valer y defenderte en una situación hipotética, pero eso sí, no es algo que vayas a lograr de la noche a la mañana sin nada de práctica. No es algo hacia lo que todas gravitemos por naturaleza (a menudo, no por culpa nuestra), pero de verdad creo que al otro lado de eso encontrarás a tu mejor yo. El yo que mereces y que realmente vale la pena.

11. Vivir en voz alta

Quiero terminar este libro reconociendo que el camino para empoderarte, convertirte en quien quieres ser y amarte dura toda la vida. Y no es fácil de recorrer. Aunque me gusta alardear, lo cierto es que todavía no lo tengo todo resuelto. Y no pasa nada. La vida siempre te pide que seas más vulnerable de lo que has sido hasta entonces y a veces está bien dar espacio a la incertidumbre. Sé lo agotador que puede ser convertirte en ti mientras luchas contra todas las expectativas y limitaciones que el patriarcado intenta imponerte. Si has llegado hasta aquí, sé que significa que estás comprometida a hacer el trabajo necesario para desaprender esas creencias dañinas y reconstruir tu seguridad y sentido de la identidad fuera del dominio de la mirada masculina.

Y eso me hace sentir un orgullo enorme por ti. Porque el resultado de someterte a esa vulnerabilidad, ese dolor y esa incertidumbre es la posibilidad de abrirte a grandes cantidades de amor, apoyo y seguridad, y la oportunidad de hallar una comunidad de personas afines que te vean como eres. A la vez, irradiarás a los demás el amor, apoyo y seguridad que llevas dentro.

Si aún no tienes una unidad de apoyo, puedes usar este libro como herramienta para empezar a construir ese apoyo desde dentro. Si puedes quedarte con algo más, que sea esto: vales todo el amor y el respeto que le entregas al mundo y estás destinada a recibirlos. Espero que, a medida que avances, recuerdes mi voz en estas páginas para guiarte hacia la vida que mereces. Espero que mis palabras te acompañen para recordarte siempre lo asombrosa e increíble que eres. Espero que te sirvan de recordatorio de lo válidos que son tus sentimientos y lo mucho que te mereces ser respetada. Y tal vez lo más importante: espero que te hagan sentir valiente. Mi amiga Tefi Pessoa (otra creadora de contenido estupenda a quien quiero y adoro) me dijo una vez: «A veces, cuando no quiero alzar la voz por mí, me imagino que lo haces tú. Me haces ser mejor, caminar más erguida, con los hombros hacia atrás y el mentón alto». Espero que, después de leer esto, la próxima vez que te encuentres en una situación en la que debas enfrentarte a algún tipo de intolerancia, tú también te sientas impulsada a ponerte más erguida.

En muchos sentidos, todas somos nuestra propia primera generación. Sé que esto puede sonar raro viniendo de mí, porque no dejo de decir lo mucho que le debo a mi familia, pero lo que quiero decir es que, por más influencias que recibas de las personas que han venido antes, también llegas al mundo y creces en él como individuo. Aunque yo llevo todos los aprendizajes de mis padres dentro, también interactúo todos los días con el mundo simplemente como Drew.

De vez en cuando, miro los últimos años de mi vida y me resulta imposible creer que esté aquí. Mi vida es muy diferente a lo que había imaginado en 2020, cuando me acababan de despedir de lo que creí que era el trabajo de mis sueños y me enfrentaba al comienzo de una pandemia, y aun así, creo firmemente que aquí es precisamente donde se suponía que debía llegar.

Y con eso no me refiero a TikTok y ni siquiera a este libro, sino a la completa paz emocional y mental que he descubierto al saber que todos los días vivo mi verdad en voz alta y que, en el proceso, estoy ayudando a otras personas. Construir una plataforma y crear contenido es simplemente el vehículo que uso para lograrlo. Al fin y al cabo, hay diferentes razones para publicar en línea, pero, personalmente, yo no empecé con el deseo de construir una carrera. Desde que empecé a desarrollar mi plataforma, he recibido mensajes llenos de hostilidad que prometían violencia o cosas peores, y todo como respuesta a simples bromas que hice sobre alguien que decidió, voluntariamente, manifestar su intolerancia. He oído las cosas más crueles que puedas imaginar sobre mi raza, mi cuerpo, mi aspecto y mi forma de hablar y comportarme. Me he enfrentado a todo tipo de amenazas. Ser una mujer racializada joven que crea contenido para empoderar a las mujeres y a muchas otras personas burlándose de hombres detestables parece enfurecerlos. Pero a mí no me sorprende mucho recibir todo ese odio de hombres horribles. Es una consecuencia desafortunada de oponerse a la intolerancia en público. Además, sé que, en definitiva, aunque publicara contenido que no tuviera nada que ver con el feminismo, seguiría recibiendo odio.

Lamentablemente, así es existir como mujer en este mundo. La única diferencia que tiene mi experiencia es que está siendo documentada de forma pública y todo el mundo puede verla.

A la vez, he tenido la oportunidad de viajar a sitios donde jamás había estado, trabajar con marcas y personas a las que hace tiempo que admiro y, lo más importante, conectarme con todas vosotras mediante mis diatribas, bromas y creencias. Y eso es lo que más me importa. Eso es lo que me mantiene motivada. Cuando la carga de este trabajo de alto riesgo frente al público y la hostilidad violenta y constante que recibo todos los días se me hacen más pesadas que de costumbre, pienso en todas vosotras. Pienso en que habéis sido muy buenas conmigo y habéis confiado en mí para compartir vuestras historias conmigo y entre vosotras. Eso es comunidad.

No quiero ponerme demasiado espiritual, pero creo firmemente en el poder de la manifestación. Es una práctica que recomiendo que todo el mundo incorpore a su vida. Todo lo que he hecho en los últimos años, todas las experiencias nuevas, todas las oportunidades, todos los triunfos, todas las interacciones significativas han sido cosas que primero he puesto en marcha en mis pensamientos a través de la manifestación. Quizás comience con un deseo tan pequeño como «Este año quiero forjar una nueva buena amistad» o algo tan grande e impreciso como «Quiero encontrar el trabajo de mis sueños». La clave de la manifestación está en poder identificar ese deseo, pronunciarlo en voz alta y luego permitirte imaginar qué sucede sin limitarte. La idea es que así atraerás las cosas que deseas, no solo porque trabajarás mucho para conseguirlas, sino porque crees que las mereces. Como mujeres y *femmes*, hemos sido condicionadas para moderar nuestros sueños y deseos sin que nadie nos lo indique; de lo contrario, podríamos acabar solas y amargadas, sin éxito, felicidad ni nadie que nos quiera. Estoy aquí para recordarte que yo soy la prueba viviente de que eso no es cierto.

Esta es tu vida. No gastes ni un segundo de ella viviendo para alguien que no seas tú.

Agradecimientos

Cuando me propusieron por primera vez escribir un libro, no estaba segura de que mis palabras o pensamientos fueran tan importantes como para ser publicados y leídos por todo el mundo. Creo que, en parte, dudaba por el síndrome de la impostora, pero creo que más que nada fue porque no me parecía que mis pensamientos y sentimientos fueran lo suficientemente únicos para merecer ser inmortalizados. Y creo que eso es porque soy una orgullosa mujer samoana, nacida y criada en mi cultura samoana, lo que significa que lo más probable es que siempre atribuya mi sentido de la identidad a mi sistema de apoyo, mi comunidad, mi familia. Nada de lo que soy habría sido posible sin las personas a las que quiero y ninguna de mis creencias habría sido tan firme si no fuera por ellas. Así que agradezco tener la oportunidad de dar las gracias y atribuir el mérito que merecen a las personas que más quiero y valoro en el mundo.

Gracias a mis padres, Noelle y Tait Afualo. Sé que parece un cliché (porque lo es, pero eso no significa que no sea cierto), pero no sé cómo he tenido tanta suerte de teneros. Ambos erais tan jóvenes cuando nos tuvisteis a mí y a mis hermanos y, aunque pasamos dificultades económicas y hubo momentos de incertidumbre, jamás nos faltó lo que más necesitábamos en el mundo, que era amor. Me enorgullece decir que mis padres son un ejemplo magnífico de personas que estaban destinadas a tener hijos. Personas que nacieron para querer a sus hijos incondicionalmente. Gracias por creer en mí, por quererme y levantarme cuando me caigo. Mi seguridad desenfrenada no ha tenido límites desde que puedo formular pensamientos y ninguno de vosotros ha intentado atenuar mi luz. Ambos me animáis constantemente a brillar más y más, a no avergonzarme nunca de expresar quién soy. Gracias por haberme dado las herramientas que necesité en esta vida para ser quien siempre estuve destinada a ser. Estaré en deuda con vosotros toda la eternidad, pero pasaré el resto de mi vida intentando daros aunque sea una fracción de lo que vosotros me habéis dado a mí. ¡Os quiero hasta el infinito y más allá!

Gracias a mi hermana, Deison Afualo, y a mi hermano, Donovan Afualo. Los mejores y más graciosos hermanos que alguien podría tener (¡¿os imagináis cómo sería si yo fuera la única graciosa?! ¡Puaj!). Deison es mi hermana mayor y ha sido mi mejor amiga desde el primer día. Es la única persona en el mundo que me entiende de verdad, más incluso de lo que yo me entiendo a mí misma. La primera persona a la que defendí de bravucones y una inspiración para mí en varios sentidos. Te quiero muchísimo, amiga. A mi hermano pequeño, Donnie, mi primer bebé, estoy muy agradecida de que llegaras y completaras nuestra AF5. La primera persona en enseñarme a tener paciencia y el poseedor de una imaginación envidiable. Eres una de las pocas personas que conozco en este mundo que es buena hasta la médula. Te quiero muchísimo, tío. Estoy profundamente agradecida de existir en un mundo donde también existen mis hermanos.

Al amor de mi vida, mi persona hasta el fin de los tiempos, Pili Tanuvasa. No hay mucho que pueda decir de forma articulada sobre lo mucho que te quiero, pero jamás me cansaré de decirlo. Gracias por enseñarme cómo es un amor verdadero, profundo y que llega hasta el alma. Esto lo digo en el libro, pero jamás pensé que conocería a alguien que me viera tal como soy. Cuando viste la luz que llevo dentro, lo mucho y lo fuerte que ardía, no te alejaste. No huiste ni te enfadaste conmigo como varios hombres antes. En lugar de eso, disfrutaste de su calidez. Y cuando yo vi tu luz, el sentimiento fue mutuo. Tú sentiste la calidez y animaste a otros a acercarse, porque no te dio miedo, te inspiró. Y como persona que en algún momento creyó que estaba dispuesta a morir sola y no le importaría, agradezco que el universo haya tenido otros planes para nosotros. Te encontraría y te amaría en cualquier vida, pero agradezco poder hacerlo en esta.

A mi equipo: mi agente, Alexandra French, y mi representante, Phil Battiato... No puedo agradeceros lo suficiente todo lo que habéis hecho por mí, mi carrera e incluso mi familia. Este mundo y esta industria pueden ser aterradores y solitarios, así que no puedo creer que haya tenido la suerte de haber caminado de la mano de dos de las mejores personas que existen. Vosotros creísteis en mí mucho antes que cualquier otra persona y siempre me animasteis y apoyasteis mi autonomía en este negocio. No es habitual tener suerte y dar con un equipo así de genial a la primera, pero soy virgo, así que mi instinto con las personas nunca falla. Gracias por apoyar todo lo que hice bien y por apoyarme siempre que hice algo mal. ¡Os quiero y aprecio muchísimo a ambos! A Marc Gerald, mi agente literario, así como a Clare Mao y Leah Petrakis, que también forman parte del equipo: ¡gracias! Marc, agradezco tu sabiduría, orientación y fe infinitas. Y Clare y Leah, gracias por escuchar cuando no me callaba durante horas/días/semanas/meses mientras escribía este libro. El amor, el apoyo y la confianza que me habéis mostrado jamás han pasado desapercibidos: gracias.

A Questlove y el equipo de AUWA y FSG: gracias por creer en mí desde la primera reunión. Que mi primer libro esté en las manos capaces e incomparables de vuestros equipos es una medalla de honor que no me tomo a la ligera, pero que llevo con orgullo.

Por último, a todas mis bellas tías duras: las que estáis leyendo este libro. Hace mucho tiempo, tuve un trabajo que de verdad me hizo creer que yo no tenía ninguna cualidad. Me despojó de mi autoestima, mi salud mental y mucho más. Pero una de las peores cosas que hizo fue distorsionar mi sentido del propósito. ¿Cuál es mi valor sin ese trabajo? En aquel entonces, creí que ninguno. Y estoy muy feliz de decir que vosotras sois el motivo por el que ya no me siento así. Más allá de los galardones y el reconocimiento, uno de los aspectos de este trabajo que más agradecida me hace sentir es el sentido del propósito. Vosotras me dais un propósito. Me inspiráis. Me impulsáis. Y me queréis incondicionalmente… y gracias a ese regalo que vosotras me habéis dado, ahora sé que mis palabras sí bastan. Gracias.

Nota sobre la autora

Drew Afualo (@drewafualo) es creadora de contenido y defensora de los derechos de la mujer. Sus textos han aparecido en *Los Angeles Times* y se han publicado perfiles sobre ella en *The New York Times*, *Nylon* y *Rolling Stone*. *Adweek* la nombró Creadora del Año 2022 en el ámbito digital y tecnológico, estuvo incluida en la lista de Creadores del Mañana de Meta y en la lista de Líderes de la Próxima Generación de *Times*. Afualo ha acudido a la alfombra roja en los Premios Óscar y ha sido presentadora del *podcast* exclusivo de Spotify *The Comment Section*. ALZA LA VOZ es su primer libro.